产品管理实践

吃透IPD的底层逻辑

PRODUCT MANAGEMENT PRACTICE

U0313887

张秀森 ◎ 编著

MASTERING THE UNDERLYING LOGIC OF IPD

化学工业出版社

·北京·

内 容 简 介

这是一本关于产品研发组织（以下简称产研组织）如何通过建设IPD（集成产品开发）体系提高组织管理能力和产品开发成功率的图书。

本书通过分析产研组织的典型乱象，提出了一个久经考验的、汲取了IPD底层逻辑精髓的产品管理模型，并结合一个实践案例详细介绍了业务战略制定流程、产品规划立项流程、产品开发流程、技术开发流程、需求管理流程等流程方案，以及组织架构保障、人才体系保障、IT系统保障等保障措施，最后对IPD体系导入方式进行了讲解。

本书适合具备五年以上工作经验、以To B（To Business，面向企业客户）产品研发为核心业务的产研组织的相关人员，如产品经理、产品总监、产品线经理、事业部总经理、产品副总裁，以及产品管理专家、业务架构师、系统架构师、咨询顾问、市场总监、销售总监、项目总监等专业人士阅读。

图书在版编目（CIP）数据

产品管理实践：吃透IPD的底层逻辑 / 张秀森编著 .

北京 ：化学工业出版社，2025. 2. -- ISBN 978-7-122 -46703-4

Ⅰ．F273.2

中国国家版本馆CIP数据核字第20241G9K60号

责任编辑：夏明慧　　　　　　　　　封面设计：李　冬

责任校对：李露洁

出版发行：化学工业出版社(北京市东城区青年湖南街13号　邮政编码100011)

印　　装：大厂回族自治县聚鑫印刷有限责任公司

710mm×1000mm　1/16　印张16　字数208千字　2025年3月北京第1版第1次印刷

购书咨询：010-64518888　　　　　　售后服务：010-64518899

网　　址：http://www.cip.com.cn

凡购买本书，如有缺损质量问题，本社销售中心负责调换。

定　　价：78.00元　　　　　　　　　　　　　　版权所有　违者必究

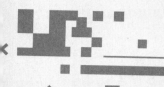

推荐序一

广联达一直是 IPD 体系的践行者，也是国内为数不多的成功应用 IPD 体系的软件公司。秀森在广联达任职期间，我们是一起推动 IPD 体系不断迭代升级的亲密战友。经过多年的创新与发展，IPD 体系已经内化成广联达管理体系的重要组成部分，按照 IPD 流程组织客户调研、产品规划、立项评审等工作已经成为公司高层、中层、基层的"肌肉记忆"。

现在看到秀森把这些年的 IPD 产品管理实践方法总结成书，我很高兴。IPD 是一项复杂的组织能力，也是一个管理变革项目，关系到企业的方方面面。企业需要上下齐心，通过项目实施获得这种能力，项目的成功实施也可有效帮助企业掌握客户需求洞察、市场细分策略制定、产品技术规划、产品开发过程精益管控等技能，推动企业实现可持续发展。

任何方法论导入、管理改进咨询、数字化解决方案等面对客户的产品或服务，本质上都必须为客户提供价值。价值从哪里来？当然是帮助客户在业务上取得成功！这点在当前经济环境下尤为明显。客户预算紧张，数字化产品采购和系统建设需求萎缩，这就意味着谁更能帮助客户取得业务上的成功，谁就能获得更多的发展机会。

从企业视角来看，IPD 体系的精髓就在于瞄准客户业务需求，又"快"又"好"地推出具备竞争力的产品和解决方案。这里的"快"需要上下游部门通力协作，从规划阶段就一起打磨产品的研发、营销、销售、服务策略，将工作方式从以往的"串行"变成"并行"，这样才能有效缩短产品开发周期，提高产品开发成功率；这里的"好"则是指深入研究客户业务，深挖客户难点、痛点，不断挖掘客户的本质需求，结合系统架构思想设计出平台化、组件化的产品应用，帮助客户解决难点、打通堵点，促进业务绩效的有效提升。

从产品经理视角来看，产品经理是一个复合型岗位，绝不仅仅是一个功能设计师。我们经常说产品经理应该是"技术商人"，产品经理只有既懂技术又懂商业，才能更好地带领团队从一场胜利走向下一场胜利。秀森在本书中全面系统地介绍了如何践行 IPD 产品管理体系：战略制定、产品规划、产品开发、技术开发等流程可以帮企业做好产研投资管理，需求管理流程则聚焦客户需求的端到端实现，同时企业要在组织架构、人才培养、数字化系统等方面做好配套建设，这样才能确保流程真正落地成功，企业的产品管理体系方可持续发挥积极作用。

IPD 体系给人的印象通常是庞大、复杂、艰涩、难懂，光是像 IRB（投资评审委员会）、IPMT（集成组合管理团队）、PDT（产品开发团队）、RAT（需求分析团队）、DFX（面向产品生命周期的设计）、SIT（系统集成测试）、GA（一般可获得性）这种专业术语就有上百个，常常令人望而却步。如何在当前飞速发展的时代，灵活、高效地导入 IPD 体系，取得业务上的成功，就成为关键！秀森在本书中结合案例深入浅出地讲解了 IPD 体系的底层逻辑，仅保留了 TR（技术评审）、DCP（决策评审）等少量必要术语，让本书内容更易于理解；同时结合丰富的实践经验，探讨了如何灵活、高效地引入 IPD 体系让企业受益，使得本书的可读性和易学性、易用性大大提高，相信产品经理定能从中获益。

希望更多的企业能结合自身特点建设 IPD 产品管理体系，推出更多成功的产品。

广联达科技股份有限公司 副总裁
卢旭东

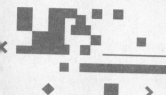

推荐序二

"生存还是毁灭"是个永恒的话题，人如此，企业亦是如此。

最近六年来，我在国内各大商学院授课已经累计超过 350 天。其间经常和企业家学员们进行交流，这些学员中不乏年龄较大的企业家，他们的企业都已经有了一定的规模，但他们年龄大了，该选接班人了，却总是担心下一任管理者不能带领企业取得持续成功。也有的企业家学员提出他们的困惑：主营业务已经达到市场的天花板，怎么才能找到企业的第二成长曲线？

我和秀森共事于百合网，那时候他已经在产品管理领域显露出系统思考、全面论证的特质，现在看到他在产研管理体系方面取得了一定成绩，我很为他感到开心。在本人拙作《大产品思维》中，我从战略、产品和营销视角对如何促进企业发展创新进行了介绍，现在秀森将从产品研发管理体系的角度带给我们一些新的启发。

管理体系是推动企业发展的有力保障，不同行业、不同业务类型、不同员工规模的企业，所需要的管理体系也不尽相同。管理是科学和艺术的融合体，一个企业的管理体系往往就是在通用管理框架的基础上进行个性化升级，其他企业未必能直接拿来用。所以，就像商业模式的设计一样，企业的管理体系也同样不能照搬，一定要结合企业自身实际情况量身打造。

华为是一家优秀的民族企业，这些年在赛道选择和产品布局方面非常成功，故其 IPD 体系也成为很多企业竞相学习的典范。根据我的认知，IPD 体系是一个非常复杂的管理体系，各个企业在学习过程中要不断地进行内化，让 IPD 体系逐步变成自己管理体系的一部分，这样才能持续取得成功。

从理论上讲，业务战略是驱动企业成长的原动力，如果企业家对战略规划不重视，或者业务战略做得不扎实，产品规划和开发自然是一团糟。尤其是在外部市场环境不断发生改变的背景下，快速响应市场，规划出既能满足客户需求又有差异化亮点的产品并推向市场，是企业制胜的法宝之一。

对于产品型企业来说，产品经理的能力与企业的发展息息相关。"眼高手低"是产品经理的核心能力，其中"眼高"是指细分市场选择的能力，"手低"是系统架构设计的能力，二者是产品经理的两大核心能力，也是两大技能难点。前者能够有效帮助企业找到有一定规模和空间但又被巨头忽视的空白市场，后者能够帮助产品团队设计出灵活高效且能满足客户需求的产品方案，二者的结合，能大大提高产品开发的成功率。

本书重点讲解了 IPD 流程体系，但是企业的组织调整是否到位、人才能力是否满足、IT 系统是否给力，这三个因素关系到 IPD 流程能否真正发挥作用，否则 IPD 流程只能"挂在墙上落灰"。

在阅读书稿期间，秀森也跟我分享了他将来的一些工作计划。他打算跟几个志同道合的小伙伴成立团队，通过讲公开课和提供咨询服务等方式为中国企业的高质量发展做点实事，让普通企业也能"用得起"IPD 体系，并且通过提供陪跑服务，确保 IPD 体系在企业中真正落地并见到实效，这是一个很棒的想法。

祝愿本书能为企业产研管理体系的研发升级提供有益指导。

北京源能动力信息技术有限公司　创始人兼 CEO

王　雷

推荐序三

我在华为搞了多年 IPD，经常有人问我什么是 IPD，他们企业是否也能应用 IPD。

IPD 作为一套优秀的产品研发管理体系，在 IBM 和华为等企业的应用都取得了巨大成功，成为这些企业发展的基石。作为产研管理的最佳实践，任何企业都可以应用 IPD，但把华为的流程、指导书、模板拿过来直接套用那是万万不行的。应用 IPD，一定要理解 IPD 的底层逻辑，活学活用！但说起来容易做起来难，哪些东西可以直接借鉴，哪些东西需要根据企业的实际情况进行定制，并不是那么容易掌握的。

作为 IPD 流程体系的同行，我和秀森老师有过多次深入交流。秀森老师是产品经理出身，有在多个企业推行 IPD 流程的经验，他非常清楚如何利用 IPD 体系开展产品管理活动。幸运的是秀森老师愿意通过文字把它总结出来，并通过实际案例手把手、端到端地进行教学。通过阅读本书，读者不但可以了解 IPD 的底层逻辑，也可以利用书中推荐的操作工具、学习书中的案例，在自己的企业进行实操。书中的案例深入浅出，对理解各种理论和概念大有帮助。有这样一位老师在身边做指导，相信您的 IPD 学习之路会顺利很多。

秀森老师是产品经理出身，这也使得他对产品经理这个角色格外有感情，他深知在企业里面做产品经理的困难之处，产品经理要面对定位不准、资源不够、培训不足、缺少流程支撑等困难。所以本书将 IPD 产品管理模型一层层扒开，不但介绍了很多产品管理的基本概念和基础知识，还用大量的篇幅对业务分析、竞争分析、客户需求定义等进行了深入讲解，提供了诸多产品经理可以借鉴、应用的专业方法和工具。

探索一件复杂事物的底层逻辑充满了挑战，需要耐得住寂寞。秀森老师用他多年的孜孜以求完成了将 IPD 产品管理体系从复杂到深入再到简单的转化，这无疑为那些希望打造优秀产品管理流程的企业，尤其是中小企业，搭建了应用 IPD 的桥梁。

华为数通产品线 质量流程经理

刘　学

推荐序四

　　我和作者秀森老师的缘分始于 2017 年，那时他刚刚加入广联达成为产品管理顾问，而我正好在做一个新的产业互联网产品，有幸得到秀森老师的悉心指导。他帮助我们对产品研发管理模式进行了细致的梳理，应该说是在这个过程中我们才真正开始按照 IPD 方法系统地研发和孵化产品。

　　很荣幸能有机会成为《产品管理实践：吃透 IPD 的底层逻辑》一书最早的读者之一。本书以浅显的语言、生动的案例，讲解了 IPD 的核心思想：将新产品开发视为一项投资决策，强调基于市场需求和竞争分析进行产品创新，以及在开发过程中设置检查点和进行阶段性评审来决定项目是否继续或需要调整方向。同时作者还根据多年的实践，吸收了业界各种典型 IPD 体系方案的优点，梳理了一个 IPD 体系总体方案，包含了从环境扫描、收集客户需求、识别市场机会、制定业务战略、产品规划立项到产品与技术开发上市的产品管理全过程，还包含了组织架构、人才体系、IT 系统等方面的保障措施。

　　在认真阅读了这本书后，我认为这本书对 B 端业务复杂、技术复杂、研发工作量大的产品经理有极大的帮助。通过阅读本书，他们能将过去的产品研发行为转化为战略决策的投资，将传统的产品开发转化为"技术创新＋客户需求"双轮驱动的产品开发，同时建立团队协作的研发模式，提升研发成功率。

广济创投 合伙人兼总经理

付永晖

推荐序五

在当今科技迅猛发展的时代，产品管理的复杂性和重要性愈发显著。我有幸认识秀森，他在这一领域中表现卓越。他的职业生涯覆盖了多个知名互联网公司，从中华英才网到大街网，再到世纪佳缘、百合网，后来再转战产业互联网，秀森丰富的实战经验和卓越的管理能力，展现了他对产品管理的深刻理解和独特见解。

我与秀森曾在大街网共事，深知他的能力和工作风格。他行事严谨，具备敏锐的市场洞察力和卓越的业务抽象能力。在实际操作中，他不仅展现了极高的专业水准，还能够将复杂的管理理论融会贯通，以通俗易懂的方式进行讲解，使其具备极强的可操作性。

当前，"新质生产力"是一个备受关注的话题，IT技术的不断进步和应用，推动着各行各业的转型升级。在这一过程中，如何科学高效地管理从需求到产品的整个过程，是每一位管理者必须面对的挑战。

本书中秀森详细地阐述了IPD理论，还结合他在多家公司的实战经验，为读者提供了宝贵的管理思路和方法。因此本书不仅仅是理论层面的详细解析，更是秀森多年实战经验和智慧的结晶。他通过翔实的内容和生动的案例，帮助我们理解并掌握产品管理的核心要点，并提供了一套系统而高效的管理方法，使读者能够轻松理解并应用于实际工作中。

作为同样是产品经理出身的创业者，我深信每一位从事产品管理的读者都能从这本书中受益匪浅。通过阅读此书，读者不仅能学习到 IPD 的理论和方法，更能感受到秀森对产品管理的热情与执着。希望这本书能够助你在产品管理的道路上不断前行，取得更大的成就。

KUPU 招聘　联合创始人兼 CEO

周海波

推荐序六

互联网的普及和数字化的深入，深刻而全面地影响了社会生活，数字音乐、移动支付、社交媒体等互联网产品大大提升了人们的生活品质和企业的生产效率。曾几何时"人人都是产品经理"这句话火遍全网，各种创新产品层出不穷，似乎孵化新产品是一件极为容易的事。然而残酷的事实摆在眼前，能经受住市场考验的生命力持久的产品凤毛麟角，很多产品只是昙花一现，最终销声匿迹。

问题出在哪里呢？答案是那些优秀的产品创意并未被真正实现，很多企业不缺乏好的想法，而是缺少过硬的产品研发实施能力，缺少有效整合企业资源和研发能力的一体化管理体系，这导致很多产品创意在研发阶段就"胎死腹中"，或者推向市场后与客户需求有很大偏差，改来改去依旧难出彩，最终导致研发投资被浪费。

IPD 产品管理体系就是为了从流程上保证开发出客户真正想要的产品而诞生的。只有将想法付诸实施，将创意通过严格的产品研发流程逐步实现，产品才有望推向市场、服务客户。因此，只有那些能够做到"知行合一"的企业才能够在商业化竞争的红海中脱颖而出。

秀森老师从企业管理者、产品负责人和项目实施者等多个角度出发，高屋建瓴地阐述了 IPD 产品管理体系在企业经营中的核心地位，深入浅出地对产品从市场分析、立项、设计、研发到上线的全过程进行了详细讲解和梳理，并且将影响 IPD 运行效果的组织架构设计、人才体系建设、IT 系统保障等进行了系统化的详细说明，从而将一个产品的完整生命周期展现在读者面前。

本书引用了大量的案例、图表、数据，对枯燥的理论方法和复杂的产品研发过程进行了案例化和可视化处理，即使是产品管理初学者也能够轻松理解，减少了学习过程中的枯燥和困惑。作为一本专业讲解IPD产品管理体系的图书，本书完整的知识体系和丰富细节几乎覆盖了所有产品设计和研发场景，包括企业战略、产品定位、财务预测等极为重要却又容易被忽略的内容，值得企业管理者和产研负责人反复阅读和学习。

　　总之，这是一本真正将IPD产品管理体系讲透的好书，满满的"干货"一定会给你带来前所未有的认知提升。

腾讯体育、阿里体育　前产品负责人

于　翔

前　言

我是产品经理出身，后来转型做了产品管理，中间经历了很多波折和思想变化。转型之后我经常给产品经理讲课。前些年讲课时经常有人会问："张老师，有没有更完整的关于产品管理方法的资料？我希望能更全面、更系统地进行学习。"面对这个问题，我反复回想自己和周围产品经理朋友的成长经历，确实，产品经理是一个典型的非标准岗位，各个企业对产品管理工作职责的定义和考核标准各不相同，产品管理到底怎么做更好？梳理出一套优秀的产品管理实践方法势在必行，于是我便萌生了出版一本书的想法。

产品管理的方法有很多，例如很多 To C（To Customer，面向个人消费者）产品团队经常利用头脑风暴方法发掘创意，开发 MVP（Minimum Viable Product，最小可用产品）推向市场，并根据市场反馈不断优化，直至产品站稳脚跟，实现盈利。也有很多企业遵循 V 模型（软件开发过程中的一个重要模型，因其模型结构图形似字母 V，故称 V 模型）开发方法，按照需求调研、概要设计、详细设计、研发、测试、验收的步骤开发产品，也取得了很大的成功。于是我开始思考到底什么样的产品管理方法才是最佳实践，经过一段时间的研究分析，我认为把产品的市场需求、技术成熟度、投资来源及规模、开发过程管控要点、风险应对策略、上市推广特点、成功衡量标志等要素综合考虑，自然就能找到合适的产品管理方法。简单业务简单管理，复杂业务复杂管理，这是基本逻辑。

华为在各个领域的锐意进取和不断成功，使其成为很多企业的学习榜样，IPD 体系也成了炙手可热的优秀方法论。To B 业务自身的复杂性决定了其产品研发管理面临着很多挑战，如业务场景复杂、参与方众多、客户决策周期长、技术壁垒高、关键成功要素多、企业内部跨部门协作难等，而 IPD 体系的精髓是"市场洞察更全面，产品开发更精益"，可有效帮助企业统筹资源、克服困难，快速实现市场机会的商业变现。有些企业的早期成功主要靠少数"英雄人物"的领导，当企业做大之后发现除了这几个领军人物，其他人难以担负继续带领企业从成功走向更加辉煌的重任，这是企业组织能力不足的典型表现。任正非有句话说得好："人才、技术、资金是可以引进的，但管理体系是无法引进的，必须自己创造。"导入 IPD 体系，可极大地帮助企业提升组织管理水平，使得成功可以被复制。

当然，学习是枯燥的，尤其是这种复杂的管理理论可能更加让人挠头。我非常希望能把这套产品管理方法讲解得通俗易懂，使读者在阅读本书后能够轻松掌握并付诸实践。但是，写作的过程充满艰辛与挑战，为了达到这个目标，我特意采用了一个贯穿始终的实践案例，以确保读者能领会产品管理要点，希望对提高读者的产品管理水平有所帮助。

编著者

目　录

第四章 产品规划立项流程

第五章 产品开发流程

第六章 技术开发流程

第七章　需求管理流程

第八章　组织架构保障

第九章　人才体系保障

第十章　IT 系统保障

11

第十一章　IPD 体系导入方式

1

第一章

产研组织典型乱象

本书主要针对面向企业客户提供数字化应用产品、以营利为目的的商业型组织，讨论如何开发出有竞争力的产品，推动产品上市，在市场中取得一定的市场份额，获得可观的投资回报收益。

上面使用了"面向企业客户""商业型组织"等关键词，本书不涉及"面向个人消费者""公益型组织"等方面的话题。无论是"面向个人消费者提供产品的组织"，还是"对外提供产品但不以营利为目的的公益型组织"，它们的经营管理思路和"面向企业客户提供数字化应用产品的以营利为目的的商业型组织"有很大不同，所以开发产品的思路、衡量产品成功的标准、产品上市推广的做法也大有不同，本书聚焦后者。

1.1　To B 型企业的特点

行业内常把"面向企业客户提供数字化应用产品的以营利为目的的商业型组织"叫作 To B（To Business，面向企业客户）型企业，To B 型企业与 To C（To Customer，面向个人消费者）型企业的区别主要是服务对象不同，所以开发产品的思路和方法也不同。

To C 型企业获取用户的成本较低，用户流失的后果不太严重，主要关注用户转化率方面的指标（如注册转化率、订单转化率、付费转化率、好评转化率等），开发产品时可以采用大规模调研、行为数据分析、灰度测试等方法，产品更新很频繁。

To B 型企业获取客户的成本很高，客户流失的后果很严重，必须本着帮助客户成功的思路开发产品，努力让每个客户满意，致力于为客户提供长期服务，主要关注客户满意度方面的指标（如客户业务指标提升幅度、客户净推荐值等），开发产品时主要采用客户访谈、现场调研等方法，产品交付采用咨询、实施、运维一体化服务模式，产品更新很慎重。

1.2　产研组织在企业中的作用

了解了 To B 型企业的特点，再看看企业内部的价值链。价值链模型（Value Chain Model）是美国哈佛大学商学院教授迈克尔·波特（Michael E.Porter）提出的一个用来研究企业内部价值活动的模型，任何企业都是产品设计、生产、销售、交付和售后服务等各项活动的聚合体，每一项活动都是价值链条上的一个环节。价值链中的活动可以分为基本活动（向客户提供产品与服务，能够带来直接收入的活动）和支持活动（不能带来直接收入，主要支持基本活动顺利开展的活动）两种。

笔者结合多年工作经验对价值链模型进行了拓展，对企业内部各种价值活动重新进行了梳理，绘制了一张企业价值链示意图，如图 1-1 所示。

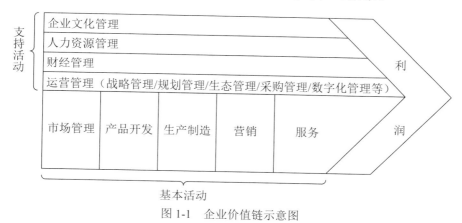

图 1-1　企业价值链示意图

图 1-1 中企业基本活动包括市场管理、产品开发、生产制造、营销和服务。市场管理活动涵盖洞察和研究市场、收集各种情报和数据、选择要进入的目标市场、制定产品组合策略等。产品开发活动负责根据产品组合策略完成产品的设计和开发。生产制造活动负责物理实体产品（即硬件）的生产与制造。营销活动负责将产品推向市场，实现产品销售，获取营业收入。服务活动负责解决客户遇到的各种问题，助力客户成功。

在这些基本活动中，企业的产研组织扮演着关键角色。虽然产研组织的主要职责是产品的设计和研发，但由于最熟悉客户业务需求的专家都在产研组织，所以产研组织不可避免地在各种价值活动中发挥着重要作用。如果把产研组织在各个基本活动中的精力投入曲线描绘出来，可得到图 1-2。

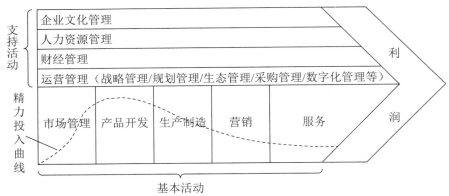

图 1-2　产研组织在基本活动中的精力投入曲线

在市场管理活动中产研组织就要开始介入，利用各种市场情报和数据分析研判哪些市场值得进入，什么样的产品可满足客户需求，是否需要针对不同的细分市场推出不同的产品。开展产品开发活动是产研组织的基本职责，投入精力自然最多。生产制造活动中产研组织要对产品制造工艺和质量控制方法进行检查和指导。本书提倡由产品经理完成新产品前三单的销售和交付，所以在营销活动中产品经理要向销售组织输出产品的营销策略和销售策略。在服务活动中产品经理要向服务组织输出产品的交付和服务方法。总之，产研组织的作用不可小觑。

1.3　产研组织典型乱象及根本原因分析

如果企业产研组织按上述设想发挥作用当然很好，但现实往往并非如此。在一个拥有一万名员工的企业中，产研组织一般两三千人，销售组织和服务组织一般七八千人，其他管理运营组织一般几百人。企业领导往往对产研组织"高看一眼"，其原因有两方面：一方面，产研组织人数虽然不是最多，但产品研发人员的薪酬水平往往较高，所以产研组织的固定成本很高；另一方面，企业核心技术都掌握在产品研发人员手里，所以产研组织的替换成本很高。以上两方面因素叠加，产研组织在企业中的地位自然就高，话语权自然就重。这原本无可厚非，但同时也意味着如果产研组织管理混乱，给企业造成的不良后果会非常严重。

笔者在很多企业工作过，也研究过很多企业，时常听到企业员工这样抱怨：

"产品研发部王总今天找我们开会，说又有一款产品开发完成了，要我们销售部去卖。我刚去看了一眼那个产品，愁死我了！不知道什么客户会买这种产品！"

"半年前几个客户跟我反馈一些相似的需求，当时我整理好提交给产品研发部了，本周产品终于更新了，结果今天有三个客户来找我吐槽，说那根本不是他们想要的！"

"我们公司的产品太难交付了，说是产品，其实是个'半拉子'工程，到每个客户那里都要拉着几个工程师修改代码，没有两个月根本完不成！"

……

种种抱怨，都指向了产研组织。

总结一下，企业中产研组织常见的问题如下。

① 产品和市场脱节严重，产研组织按照自己的设想开发产品，产品上市后找不到客户。

② 以为发现了市场机会，但开发的产品与客户需求有很大偏差，产品销量差。

③ 产品开发周期太长，产品上市时市场已经发生了变化，产品难以获得客户认可。

④ 产品竞争力不足，与其他竞品相比没有亮点，客户购买意愿低。

⑤ 产品复杂度高，销售难度大，只有产品经理才能将产品卖出去。

⑥ 未对技术进行专门的管理，各产品团队重复开发相似组件，造成研发资源浪费。

⑦ 缺少数字化系统支撑，客户需求难以在市场、销售、服务、产品、研发等团队中及时有效流转，客户满意度差。

除了上述问题以外，对于项目交付型企业（针对每个客户都按照产品开发项目进行交付）而言，还有一个典型问题：产品标准化程度低、灵活性差，难以满足客户的个性化需求，面对每个客户都要投入很多资源进行定制开发，交付周期长，产品利润低。

透过表象看本质，通过对以上问题层层拆解、深入分析，可将根本原因总结为三方面。

（1）流程方法方面，缺乏规范的流程和方法来驱动产研组织有效协同

很多企业中山头主义、个人英雄主义严重，有些产研负责人喜欢根据自己的个人经验来开发产品，不愿意研究提高产品开发成功率的方法，也不愿意跑市场、见客户。在看不清市场机会的情况下，产品立项非常随意，对客户业务研究不够深入，业务架构、数据架构、应用架构设计不合理，也不与客户进行概念验证，导致开发的产品没有市场，造成产研投资浪费。

（2）组织人才方面，组织架构设计不合理，岗位任职资格标准模糊

由于流程方法缺位，组织架构设计全靠拍脑袋，企业不清楚到底需要哪些岗位来完成工作，也不清楚每个岗位的任职资格标准是什么，无法安排有针对性的能力培训课程，难以判断哪些员工应该晋升。工作安排不合理，经常出现产研组织不但要负责产品研发，还要负责客户项目交付的情形，产研组织工作量大，疲于应付。长此以往，产品开发很难成功，员工抱怨连天。

（3）IT 系统方面，缺乏统一的数字化工具驱动跨团队协同工作

上下游团队之间"部门墙"高筑，每个团队有自己的 IT 工具，团队内部靠 IT 工具协作，团队之间只能靠会议、邮件、即时交流软件等工具来交换信息，缺乏统一的 IT 系统驱动跨团队协作，经常出现客户想要 A，结果给客户交付 B 的情况，客户满意度低下。

本书的目的就是针对以上产研问题及其背后的根本原因，通过研究先进企业的优秀做法，总结出一套规范的产品管理方法，让各企业产研负责人通过学习吸收其中的精华，为自己的企业制定有效的举措，提升产研组织的管理水平。

第二章

产品管理模型

本书介绍的产品管理方法是 IPD（Integrated Product Development，集成产品开发）体系，它是一套产品开发的模式、理念与方法。IPD 思想来源于美国柏亚天（PRTM）公司于 1992 年出版的图书《产品及生命周期优化法》（*Product And Cycle-time Excellence*，首字母缩写为 PACE，音译为培思）。

最早将 IPD 思想付诸实践的是美国 IBM 公司（国际商业机器公司），经过 1993 至 1997 年的变革，IBM "起死回生"。在 IBM 成功经验的影响下，国内外很多高科技公司导入了 IPD 体系，如美国波音公司和中国华为公司等，都取得了很好的效果。而且在华为标杆效应的引领下，国内很多企业诸如方太（家用电器）、美的（家用电器）、中粮集团（粮油食品）、许继电气（电网设备）、中兴通讯（通信设备）、天士力（生物制药）、金发科技（高新材料）、迈瑞医疗（医疗器械）、五菱（汽车）、士兰微电子（芯片制造）、广联达（建筑软件）、启明星辰（安全软件）、小米（创新科技）、理想（电动汽车）也采用了 IPD 体系，均取得了一定成效，同时行业内也出现了楚星融智、汉捷咨询、乔诺咨询等专门提供 IPD 体系咨询与实施服务的机构。

2.1 IPD 体系的基本思想

IPD 中字母 I（Integrated，集成）并非指系统集成，而是指来自市场、产研、采购、制造、销售、服务、财务等多个部门的代表一起协作，从产品规划早期介入，共同对产品概念与产品开发方案进行决策。

IPD 中字母 P（Produce，产品）不仅包含面向客户销售的产品与服务，还包括产品平台、技术平台等内部产品。

IPD 中字母 D（Development，开发）并非指软件代码研发，而是包含市场的开发、客户的开发、产品的开发、技术的开发、营销策略的开发、服务策略的开发等。

IPD 体系的基本思想是通过结构化流程驱动跨部门团队协作，利用分阶段决策的方式对产品规划与开发活动进行管控，尽可能把风险消灭在早期，从而达到减少研发浪费与返工、提高产品开发成功率的效果。

当然，IPD 体系只是众多产品开发管理方法之一，业界还有其他的产品开发管理方法。例如，很多互联网企业经常使用用户优选方法（User Preference Methodology，简称 UPM），即针对同一种用户需求推出两款以上的产品，利用用户流量对这些产品进行测试，看哪个产品更受用户青睐，从而重点培育。对于用户获取成本低、用户规模大、业务模式简单的产品，这是一种很不错的方法。除了这种方法，还有快消品企业常用的门径管理系统（Stage Gate System，简称 SGS）和产品价值管理（Product Value Management，简称 PVM）模式、大型装备制造企业常用的 V 模型开发（V-Model Development）管理方法，在此不一一列举。

与上述方法相比，IPD 体系更适合业务复杂、技术复杂、研发工作量大、返工成本高、客户迁移成本高的场景，该体系的特点有以下几个。

① 将产品开发视为一项投资决策。

② 以市场为中心，用客户需求和技术创新双轮驱动产品开发。

③ 利用结构化流程驱动跨部门团队协作，尽早消除风险，提高产品开发成功率。

④ 提倡基于业务分层开展平台化开发，抽取共用基础模块（Common Building Block，CBB）形成技术平台或产品平台，支撑面向客户产品的快速开发。

⑤ 提倡异步开发，产品开发过程中各部门并行开展工作，缩短开发周期。

其中，④提到的"业务分层"是流程结构化的基础，也是实现异步开发的关键。图 2-1 是业务分层示意图，由下往上看，若干核心技术组成技术平台，技术平台支撑产品平台，产品平台支撑产品开发，产品组合形成解决方案。虚线以上是面向客户的，虚线以下是面向企业内部的。业务分层可以有效降低系统和组织的复杂度，提升企业管理水平。此图由于上下两头粗、中间腰部细，也常常被称作"细腰图"。

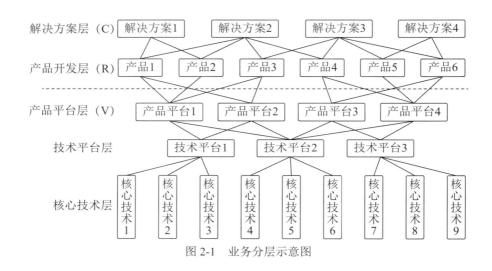

图 2-1　业务分层示意图

2.2　IPD 体系的构成要素

读者如果看过一些 IPD 体系的实施案例，可能会发现 IPD 体系看上去都差不多，就以为一套 IPD 体系方案可以"包打天下"，但事实并非如此。

IPD 体系一般由以下要素构成。

（1）一个总体方案

① 确定 IPD 体系包含几个一级流程，以及每个一级流程的内容。

② 确定先建设哪个一级流程，后建设哪个一级流程，以及时间计划。

（2）多个一级流程方案

① 高阶方案：确定每个一级流程包括哪些活动，每个活动的输入和输出，每个任务由什么角色负责。

② 若干配套模板：每个活动应提交的交付物的模板。

③ 试点方案：主要包括试点产品应满足的条件，试点负责人的权利和义务，以及试点计划。

④ 推行方案：流程在各个业务单元推行落地的策略和计划。

（3）一套保障支撑体系

① 组织架构方面：调整组织架构以确保人员与角色相匹配，使得流程得以顺畅运行。

② 人才体系方面：设置合适的岗位来完成流程工作，制定每个岗位的任职资格标准及激励机制。

③ IT 系统方面：部署 IT 系统确保所有人按流程有效协作。

各企业的 IPD 总体方案可能相似，但越看细节差异就越大，到流程方案配套模板这一层将会迥然不同。所以各企业在导入 IPD 体系时要结合实际情况对 IPD 体系方案进行定制，使它与自身企业匹配，符合自身企业的需求，故 IPD 体系不存在统一标准。

总之，切忌照搬照抄其他企业的 IPD 体系，学习借鉴是可行的，拿来主义绝不可取。实际上很多企业照搬照抄华为的 IPD 体系都遭遇失败，因为华为业务的高利润、企业的高执行力、人才积淀等优势，是许多企业根本无法做到的，照搬照抄只会导致骑虎难下，进退维谷。

为了给读者一个直观印象，笔者画了一个典型的 IPD 体系示意图，如图 2-2 所示。

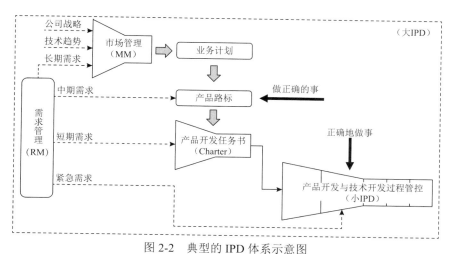

图 2-2　典型的 IPD 体系示意图

图 2-2 中有"小 IPD"和"大 IPD"，这与 IPD 体系的发展历史有关。早期

市场供小于求，IPD 体系主要聚焦产品的开发过程，追求提高产品质量、缩短开发周期，所以范围较小。后来市场竞争越来越充分，IPD 体系逐渐扩展到客户需求管理、市场机会洞察、产品规划与立项，此时市场、销售、采购、制造、服务等组织也参与进来，目标是将发现的市场机会快速进行商业变现，所以范围扩大了。本书内容聚焦"大 IPD"。

图 2-2 中包括六个一级流程："需求管理"流程负责收集客户需求，"市场管理"流程负责洞察市场机会，"业务计划"流程负责制定产品组合策略，"产品路标"流程负责规划产品何时上市，"产品开发任务书"流程负责对要开发的产品进行立项，"产品开发与技术开发过程管控"流程负责对开发过程中的产品与技术进行分阶段检查和决策评审。

2.3　本书建议的产品管理模型

结合多年 IPD 体系建设经验，笔者梳理了一个 IPD 体系总体方案，将它作为本书建议的产品管理模型，如图 2-3 所示。这个模型吸收了业界各种典型 IPD 体系方案的优点，不仅包含了从收集客户需求、识别市场机会、制定业务战略、产品规划立项，到产品与技术开发上市的产品管理全过程，还包含了组织架构、人才体系、IT 系统等方面的保障措施。此产品模型适合 To B 型企业，建议各个有需求的企业在这个模型的基础上调整、优化，开发出适合自己企业的 IPD 体系。

如果将产品管理模型进一步展开，就可看到里面的流程活动（矩形框）和管控点（菱形框），如图 2-4 所示。在各个管控点中，相关决策评审组织根据流程各阶段要求对产品团队的交付物进行评审，若评审结果为"通过"则产品开发继续进行，若为"不通过"则终止产品开发，避免投资浪费。在后续章节介绍每个流程的时候会对管控机制进行详细介绍。

本书主要结合 To B 软件产品的业务案例进行介绍。软件与硬件（包括智能硬件）的不同也会造成 IPD 体系建设存在差异。

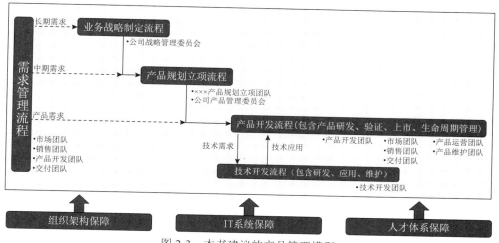

图 2-3　本书建议的产品管理模型

① 硬件更为复杂，需要进行结构设计、电气设计、三防设计，需要对供应链、库存、物流进行管理，产品开发周期长，产品更新慢（通常以年为单位），后期运维复杂，影响质量的因素多，因此 IPD 体系的模板更为复杂，质量检查点相对更多。

② 软件的开发工具和运行环境更为标准，不需要对物理实体进行管理，产品开发周期长，产品更新快（可实现按月进行迭代），若是云原生架构则后期运维更为简单，影响质量的因素少，因此 IPD 体系的模板较为简单，质量检查点相对较少。

当然，随着市场上软硬件一体化产品越来越多，软硬件融合趋势日益明显，相信将来 IPD 体系建设要求亦日趋一致。

图 2-3 的产品管理模型共包括五个一级流程，分别如下。

（1）业务战略制定流程

从理论上讲，没有业务就没有产品，业务战略是产品规划的起点，业务战略制定流程是企业领导层集思广益确定各个业务发展战略的过程。一家企业的所有管理活动无非是"选择→排序→计划→执行→检查→改进"，业务战略制定流程是在"业务"这个较粗的粒度开展活动的。

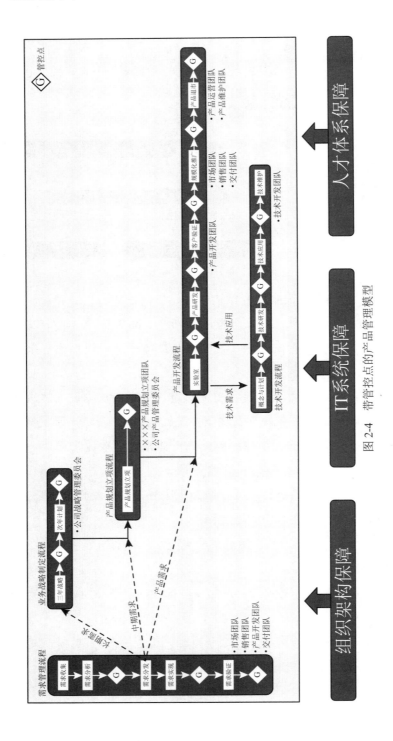

图 2-4 带管控点的产品管理模型

从管理上讲，战略管理最大的作用是增加共识、减少分歧。通过战略管理，所有员工对各业务单元后续的发展方向有清晰认知，跨部门协作时阻力将大大减小。

从时间上讲，一般每年 11 ～ 12 月份为战略制定期，制定后续三年的业务战略，次年 1 月份面向全体员工发布，然后启动战略。

从组织上讲，战略管理委员会负责对企业整体战略和各业务单元战略的制定进行管理，对战略的执行进行检查和指导。

从方法上讲，本书建议采用 BLM（Business Leadership Model，业务领导力模型）来进行战略制定。BLM 源自美国 IBM 公司，后来华为公司学习、借鉴并引入了该模型，取得了很好的效果，因此这套战略方法在国内也得到了大力推广。企业可以利用 BLM 进行业务差距分析、洞察市场变化、借鉴标杆企业经验、优化业务设计、导出关键任务。这些关键任务有些是投资并购其他企业以增强自己的实力，有些是与其他企业形成生态联盟，有些需要在各地开展密集的线下服务活动，有些需要对老产品进行大的升级改造以便为客户提供新的价值点，有些需要孵化新的产品切入某个目标市场，有些则需要逐步退出某个衰退的市场。

本书第三章将对业务战略制定流程进行详细介绍。

（2）产品规划立项流程

业务战略导出的关键任务凡是升级改造老产品或者孵化新产品的，都需要应用产品规划立项流程。

与业务战略制定类似，产品规划与开发过程的管理活动包含"选择→排序→立项→计划→执行→检查→改进"，其中多了一个"立项"环节。业务战略制定和产品规划无须投入很多资源即可完成，不需立项。但产品开发过程却需要投入很多研发资源，少则几十人月 ❶，多则几百人月，所以需要慎重决策方可正式启动，这是设置立项环节的原因。

产品规划也被称作产品战略制定，若说业务战略制定流程是在"业务"这个

---

❶ "人月"是项目管理中常用的一种工作量衡量单位，它表示一个人在一个月（通常按照每月标准工作天数和工作小时数来计算）内能够完成的工作量。

较粗的粒度开展活动，那么产品规划流程则是在"客户业务场景"和"产品解决方案"这些较细的粒度开展活动。

首先，产品规划是根据业务战略进行市场洞察，对市场进行细分，分析每个细分市场的规模和增长趋势，选择容易切入并能站稳脚跟的细分市场，即"利基市场"（Niche Market）作为首要目标市场，将其他相邻的有价值的细分市场作为后续目标市场。

其次，研究每个目标市场客户群的业务痛点，收集竞争情报，深入研究竞品，结合技术创新思路提出产品组合方案，即面向每个目标市场推出什么产品。

再次，对产品组合方案中每个产品的产品构想进行细化、深化，评估能否提供有竞争力且具备差异化亮点的产品，只有这样才能做到在满足客户需求的同时打败竞争对手。还要对每个产品进行投资回报测算，分析需要投入多少预算，何时能产生收入，何时能够达到盈亏平衡，未来三年预期收益有多少。

完成上述几步，就可以申请产品立项了。产品立项评审是一个管理动作，由产品管理委员会对所有要立项的产品进行评审，决定是否进行投资。如果决定投资，则启动产品开发流程。

本书第四章将对产品规划立项流程进行详细介绍。

（3）产品开发流程

产品开发流程是将产品规划落地的过程。图 2-4 中产品开发流程包括实验室、产品研发、客户验证、规模化推广、产品退市等阶段。每个阶段，产品负责人都要组织团队开展相关活动，完成相关任务，提交相关成果，参加阶段决策评审，若评审结果为"通过"则产品开发继续进行，若为"不通过"则终止产品开发。

实验室阶段，产品开发团队要根据立项时提出的产品构想制作产品原型。一方面利用它与目标客户交流，验证产品概念能否满足客户需求；另一方面供研发工程师评估产品在研发实现方面有无风险，若有风险如何应对。本阶段的目标是消除风险，包括满足客户需求风险和技术实现风险。

产品研发阶段，产品开发团队要完成产品的研发实现，由 UX（User Experience，用户体验）设计师、技术架构师、研发工程师、测试工程师通力合作，根据产品设计方案完成产品研发。本阶段结束时要提交详细的产品测试报告，以确保产品的可用性。

客户验证阶段，产品负责人要与市场代表紧密协作，找到合适的客户，完成产品前三单销售，验证产品的价值。一方面是验证产品是否能更好地满足客户的业务需求，与竞品相比是否有优势；另一方面是验证产品定价策略是否合理，客户是否愿意付费买单。只有经过这两个验证，产品才能正式推向市场。

规模化推广阶段，产品负责人要结合客户验证阶段的成果，与销售团队一起策划产品上市推广的路径和策略，如先从哪些地区、哪些客户启动销售，市场推广策略是什么、销售方法是什么，面向销售人员的激励措施是什么，如何面向客户进行产品交付。在产品推广过程中产品开发团队要向销售团队和服务团队提供强大的支持，不断关注每个客户的产品使用效果，才能确保产品的规模化推广走上正轨。

随着客户需求的升级和技术的不断发展，老产品逐步走向衰退，销量越来越少，此时意味着产品到了退市阶段。

本书第五章将对产品开发流程进行详细介绍。

（4）技术开发流程

根据 IPD 体系的"业务分层"指导思想，对于多个产品都会用到的共用基础模块，要成立专门的团队来负责技术开发，以实现"一次开发，多方受益"。

举个例子，在汽车生产厂家，底盘、发动机、轮胎都是通用部件，分别由专门的部门负责设计，为不同的车型提供最合理、最经济的技术方案。如果要研发一款全天候全地形的新车型，产品负责人就要向负责这些通用部件的部门分别提出需求，不但要明确技术指标，还要明确时间计划，以确保各部件的交付时间符合新车型的总体开发计划。

所以，这个过程的本质就是产品开发团队将一部分专业工作"内包"给技术开发团队完成。技术开发流程就是对通用产品部件或技术组件的"内包"过程进行管理的流程。对于希望通过不断提高产品的技术领先性来开拓市场的企业，一定要重视专有技术的不断积累，尤其要重视技术开发流程的建设。

具体来讲，在产品规划过程中，各产品负责人要对技术开发需求进行梳理并及时转交给相应的技术开发团队。由技术开发团队综合考虑来自多个产品的技术需求并制订技术开发计划，在技术开发完成之后，按计划与各产品开发部门对接，及时将技术开发成果应用到产品开发项目中，以支撑产品的快速开发。

此时回顾产品规划立项流程，需要注意以下两点。

① 第一点是"产品立项"不仅包含面向客户销售的产品的立项，也包含技术平台这种内部产品的立项。

② 第二点从图 2-3 和图 2-4 可以看出，当某个产品的开发依赖某项技术的开发时，技术开发往往要提前启动（一般提前半年左右），这样当该产品开发进入开发阶段的时候，技术开发的成果就可以及时应用到产品开发项目中去。

本书第六章将对技术开发流程进行详细介绍。

（5）需求管理流程

图 2-4 需求管理流程包含需求收集、需求分析、需求分发、需求实现和需求验证五个阶段，覆盖了客户需求的端到端管理。

需求收集阶段，通过各种渠道源源不断收集来自市场和客户的各种需求，包括客户主动反馈的明确需求、销售人员访问客户时挖掘的潜在需求、产品经理分析竞品时总结的竞争需求、市场人员通过政府文件洞察到的合规需求等。原则上企业全体人员都要主动参加需求收集，只有这样才能建立及时有效的市场情报资料库。

需求分析阶段，需求分析师团队对每个需求的真实性、完整性、价值度、优先级等进行分析。需要注意的是，企业全员收集的需求多种多样，有指向未来市场变化的长期需求，有应对竞争的中期需求，有产品改进需求，有发现的产品缺陷，有营销方面的需求，有交付方面的需求，有服务方面的需求，等等。在完成需求分类之后，需求分析师团队应聚焦产品改进需求，目标是识别出高价值需求，即对产品发展有更高价值的需求。

需求分发阶段，需求分析师团队将分析过的需求分发给相关负责部门，长期需求转给战略管理部门，中期需求转给产品规划立项团队，营销需求转给销售团队，交付和服务需求转给服务团队，产品改进需求则转给产品开发团队。产品开发团队结合产品迭代计划，将高优先级需求分配到各产品迭代版本中去实现。然后针对产品改进需求进行产品方案设计，按计划完成产品功能的开发、测试、发布。

需求验证阶段，需求分析师拿着产品开发团队发布的产品改进版本跟每个客户逐一确认该产品方案是否满足需求，如果客户满意则关闭这个需求，如果客户有异议则需要对产品方案进行改进，重新开发，重新验证。

总之，需求管理流程是以每个需求为主线进行管理的过程，它与产品开发流程、技术开发流程的关系非常紧密，它有效地支撑了这两个开发流程的顺利运行。

本书第七章将对需求管理流程进行详细介绍。

图 2-3 中包括三项保障措施，具体如下。

（1）组织架构保障

每个流程包含了很多活动，每个活动包含了很多任务，每个任务需要一些角色去完成，所以要有真实存在的企业人员来匹配这些角色，这要求企业对组织架构进行调整、优化，设置相关岗位，方可确保流程有效运行。

除了设置以上岗位，还要组建战略管理委员会、产品管理委员会等决策评审组织，以及流程质量部这种确保流程活动被有效执行的保障组织。

本书第八章将对组织架构保障进行详细介绍。

（2）人才体系保障

所有流程活动都由人来完成，人员能力是否满足流程活动要求就非常关键，所以企业要根据产品管理模型来设计每个岗位的能力模型，安排相关的技能培训，设计合理的激励机制，才能激发组织活力，保障 IPD 体系的落地。

本书第九章将对人才体系保障进行详细介绍。

（3）IT 系统保障

所有流程活动都靠人来推动执行，每个人对流程活动的理解程度不同，这会导致不同的人执行流程活动的结果差别很大，所以一个流程方案完成试点之后，在大规模推行之前，需要部署 IT 系统来统一流程执行标准。这种 IT 系统属于企业数字化能力建设范畴，可以自己开发，可以从外部购买，也可以利用业界成熟的平台进行灵活定制。

本书第十章将对 IT 系统保障进行详细介绍。

2.4 IPD 体系运行效果评价

通过以上内容我们知道，IPD 体系建设要想取得好的效果，流程规范化是核心，组织适配是基础，人才能力是根本，IT 系统支撑是抓手。那如何衡量 IPD 体系建设的效果呢？换句话说，如何判断 IPD 体系建设是否成功呢？可以通过以下三点来评价。

（1）产品开发成功率是否提高，产研资源浪费现象是否减少

这一点是最重要的衡量标志，具体可以利用以下六个指标进行评估。

① 产品立项评审通过率 (i_1)：这个指标如果一直向好，说明产品规划能力在提升。

② 新产品准时上市率 (i_2)：根据美国产品开发与管理协会的统计数据，做得差的企业本指标仅为 20%，做得好的企业可达到 80%，一般企业可将指标提升目标定为 50%。

③ 新产品应用达标率 (i_3)：i_3= 一个月内使用产品核心功能的用户数量 / 总用户数量，核心功能和指标提升目标由产品负责人进行定义。

④ 新产品上市一年后达到预期收益目标的比率 (i_4)：根据美国产品开发与管理协会的统计数据，做得差的企业本指标仅为 30%，做得好的企业可达到 70%，一般企业可将指标提升目标定为 50%。

⑤ 产生创意通过立项评审、准时上市、达到预期收益目标的新产品比率（$i_5 = i_1 \times i_2 \times i_4$）：一般企业可将指标提升目标定为 15%。

⑥ 过去三年上市新产品销售额占产品总销售额的比率 (i_6)：根据美国产品开发与管理协会的统计数据，做得差的企业本指标仅为 10%，做得好的企业可达到 36%，一般企业可将指标提升目标定为 25%。

（2）产品竞争力是否得到持续提升，利润是否持续增长

上述指标是针对新产品，对于已在市场中取得一定份额的老产品，也要不断推陈出新、满足新的客户需求，要看产品市场份额是否一直在提升，利润是否在增长。

（3）组织能力是否得到有效提升，产品成功是否可以复制

当 IPD 体系日渐成熟，整个组织的能力大大提升，产研人才的能力也可以实现复制，优秀的产品负责人在这套产品管理思想的指导之下，可以随时切换到别的业务领域，也能孵化出成功的新产品，帮企业开拓新的市场。

通过本章内容我们学习了产品管理模型框架和思想，为了让读者更好地理解和掌握相关方法，从第三章起我们将结合一个贯穿始终的案例来进行介绍。

第三章

业务战略制定流程

业务战略是产品规划与开发的起点，没有业务战略，产品就是无源之水，没有厘清业务战略就规划产品是一种盲目的行为。本章将介绍业务战略制定流程，目标是结合企业的使命愿景和外部市场环境变化制定企业下一步的业务战略，包括应巩固哪些优质业务、清退哪些不良业务、开拓哪些新业务、每个业务未来应该如何开展等。

为了让读者深刻理解 IPD 体系，本章起将结合实际案例进行介绍。笔者曾辅导过一家经营人力资源服务业务的公司，其业务发展历程和产研体系改进过程非常典型，本书将它作为案例，重点介绍 To B 软件企业如何推行 IPD 体系。为了保护该公司的商业机密，暂且将其称为"超棒人才"，书中对相关数据进行了脱敏和加工，如与现实中企业重名，纯属巧合。

3.1　业务分类词典

在讲解业务战略制定流程之前，先介绍必要的基础准备工作——业务分类词典建设。每家企业应建立一个业务分类词典，将它作为业务战略管理的基础，建议由市场管理部门负责词典的维护和更新。

表 3-1 为超棒人才的业务分类词典，虽然超棒人才是做测评、培训、招聘起家，但其业务分类词典覆盖了人力资源服务的全部业务领域，具有前瞻性。

表 3-1　超棒人才业务分类词典

序号	业务领域	业务场景
1	人才标准业务	产研人才任职标准
2		营销人才任职标准
3	人才测评业务	高层干部测评
4		中层骨干测评

续表

序号	业务领域	业务场景
5	人才测评业务	基层人才测评
6		招聘测评
7	人才培训业务	干部领导力培训
8		产研体系员工培训
9		营销体系员工培训
10	组织人事管理业务	组织编制管理
11		劳动合同管理
12		人事档案管理
13		工会关系管理
14		党团关系管理
15	假勤管理业务	考勤管理
16		请休假管理
17		差旅管理
18	绩效管理业务	OKR（目标与关键结果）管理
19		员工绩效管理
20		组织绩效管理
21	薪酬管理业务	工资社保管理
22		绩效激励管理
23		补充医疗保险管理
24	社会招聘业务	职位管理
25		招聘渠道管理
26		简历管理
27		笔面试管理
28		offer（录用通知）管理
29	校园招聘业务	职位管理

续表

序号	业务领域	业务场景
30	校园招聘业务	校园活动（线上、线下活动）管理
31		网申管理
32		简历管理
33		笔面试管理
34		offer（录用通知）及三方协议管理
35	猎头招聘业务	职位管理
36		候选人管理
37		候选人沟通记录
38		用人单位沟通记录
39	企业咨询业务	企业绩效管理咨询
40		企业招聘管理咨询

业务分类词典包括业务领域和业务场景，每个业务领域包含多个业务场景。业务分类词典蕴含了丰富的行业和业务知识，既统一了企业与客户的沟通语言，也为业务发展指明了方向。很多企业按照业务领域设立事业部，根据业务场景不断丰富产品服务范围。

3.2　战略管理日历

业务战略制定流程运行前的另一项基础准备工作是创建战略管理日历。为了更好地开展业务战略制定和产品规划开发工作，协调企业内各组织的时间以确保大家步调一致，建议采用战略管理日历推进工作，如图3-1所示。

图3-1中的横轴为时间轴，每年11月份启动战略制定工作，次年1月份完成战略发布，之后根据战略开展产品规划与开发工作。纵轴分为两部分，虚线以上为战略管理部分，虚线以下为产品规划与开发部分。

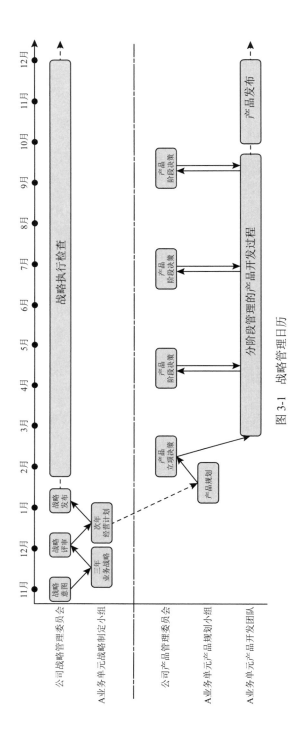

图 3-1 战略管理日历

战略管理的负责部门是公司战略管理委员会（下文简称战略委员会），其成员包括企业最高领导、主管各方面工作的副总经理和外部特邀智库专家，其执行机构是战略管理部。每年 11 月初战略管理部组织战略委员会研讨形成战略意图，制定本轮战略管理日历——各业务单元上会汇报业务战略的时间，发送给各业务单元负责人启动业务战略制定。各业务单元组建战略制定小组，根据战略意图制定三年业务战略，依次上会评审。1 月初所有单元的业务战略通过评审后，战略委员会形成企业战略白皮书并面向全体员工发布。随后进入战略执行阶段，战略管理部负责跟进和检查。所以战略管理日历聚焦各业务单元的业务战略制定，每年滚动刷新。

业务战略制定完成之后，对于其中需要产品承接的部分，公司产品管理委员会（下文简称产品委员会）组织各业务单元开展产品规划立项工作。各业务单元组建产品规划立项团队，完成产品规划报告后向产品委员会申请立项，立项成功后启动产品开发流程。产品开发过程分阶段进行管理，每个阶段结束时产品开发团队向产品委员会汇报成果，通过评审后方可继续开展下阶段产品开发工作。产品开发完成后对外进行发布，面向市场进行规模化推广。

综上，战略管理和产品规划开发两套管理机制有机结合在一起，通过流程规范化，有效降低产品开发风险，提高产品成功率。下面介绍如何利用 BLM 进行业务战略制定。

3.3 业务战略制定流程概览

产品管理模型中业务战略制定流程的位置如图 3-2 所示（虚线标记部分）。

本书采用 BLM 来进行战略管理，BLM 是一个战略滚动模型，它分为战略制定部分（对应图 3-2 中"三年战略"）与战略执行部分（对应图 3-2 中"次年计划"）。

将业务战略制定流程进一步展开，流程中的关键活动如图 3-3 所示。

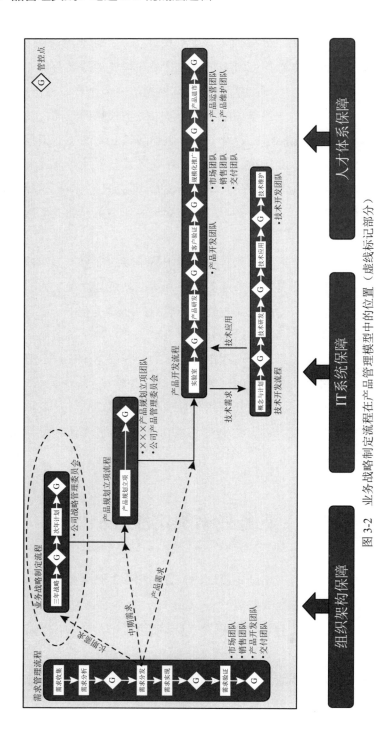

图 3-2 业务战略制定流程在产品管理模型中的位置（虚线标记部分）

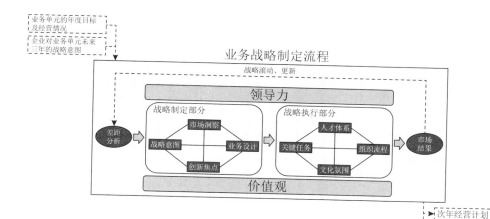

图 3-3　业务战略制定流程（BLM）

业务战略制定流程的关键要素如下。

① **流程的输入**：业务单元的年度目标及经营情况，以及企业对业务单元未来三年的战略意图。

② **流程关键活动**：战略管理分为战略制定部分和战略执行部分。战略制定部分主要是对业务经营结果进行差距分析，根据企业的战略意图，洞察市场的变化趋势，通过创新焦点、借鉴标杆企业的优秀做法，优化企业的业务设计，导出关键任务。战略执行部分围绕关键任务，从人才体系、文化氛围、组织流程等角度制定措施确保战略落地。年底对取得的市场结果进行分析，找到差距并输入到下一轮战略制定中，形成战略管理循环。本章主要聚焦战略制定部分，其中业务设计环节包含产品服务体系。

③ **关键活动负责人**：各业务单元每年要成立战略制定小组，该小组是临时虚拟组织——临时把一些人聚在一起执行一个任务，成员是业务单元主要领导及特邀专家。

④ **战略评审负责人**：战略委员会负责评审。

⑤ **流程的输出**：启动相关产品（服务）的规划与立项。

接下来对业务战略制定流程的每个活动进行介绍。

3.4　差距分析

差距分析是企业或业务单元结合实际经营情况找到差距，分析差距背后的原因，制定下一步的改进措施，是 BLM 应用的第一步。差距分为业绩差距和机会差距两种：业绩差距是现有经营结果与期望值之间的差距，机会差距是现有经营结果和新的业务设计所能带来的经营结果之间的差距。

回到案例，超棒人才最初由三位海归人员创立，其使命是为企业提供专业高效的人力资源服务。经过十年的发展，企业客户数量将近万家，已形成人才测评（下文简称测评）、人才培训（下文简称培训）和社会人才招聘（下文简称社招）三个业务单元，每年分别贡献 10 亿元、7 亿元和 5 亿元收入，年增长率为 15% 左右。超棒人才还组建了咨询中心，为客户提供咨询服务，提供整体解决方案，以提高客户产品销售额。

2020 年超棒人才为了更好地发展引入了风险投资，投资机构邀请知名战略管理专家与三位创始人进行了多轮深入研讨，分析得出当前的差距主要有四方面。

① **商业模式落后**。产品销售以系统售卖为主，采用一次性永久授权模式，之后每年收取少量服务费，每个客户带来的营业收入有限。

② **客户成功意识不够**。产品交付给客户之后，缺少持续主动跟进，不了解客户使用产品是否顺畅、产品对客户业务是否有价值等情况，客户满意度不高。

③ **产品竞争力不足**。与竞争对手相比，产品虽能解决问题但缺乏亮点，难以打动客户。

④ **缺少新的增长点**。公司管理层缺乏远景共识，典型表现是当前三个业务已经成熟，但迟迟未开拓新业务，缺乏新的增长点。

前三条是业绩差距，第四条是机会差距。针对这些差距，战略专家提出如下改进建议。

① **优化商业模式**。将产品销售从一次性永久授权模式改为按项目收费或按年收费，提高每个客户生命周期内的总收入。

② **持续为客户提供价值。**项目制或年费制将倒逼企业提高客户成功意识，只有产品不断提供新的价值点，客户才会持续购买和升级产品服务。

③ **引入先进技术提高产品竞争力。**利用 AI 等新技术可有效提高产品先进性。

④ **进入新赛道。**在聚焦现有成熟业务的同时，积极布局新业务，实现新的增长。

最后，投资机构建议超棒人才导入 IPD 体系，制定新的业务发展战略，争取未来年营业收入达到 50 亿元。

3.5　明确战略意图

根据投资机构的建议，超棒人才于 2020 年底组建了战略委员会，经过交流、研讨，战略委员会接受了战略专家的前三点建议，要求测评、培训和社招三个业务单元制定措施并落地。针对第四点建议，战略委员会一致认为企业发展远景目标是成为人力资源管理解决方案提供商，面向企业客户提供人才"选、育、用、留"一站式全过程服务。当前阶段应开拓校园招聘业务（下文简称校招），为客户提供校招整体解决方案。大学毕业生规模逐年增长，国内很多企业希望通过聘用大学生补充新鲜血液、提升用人水平，因此校招产品有市场机会。

战略委员会的战略意图是通过稳定发展测评、培训和社招三个已有业务，布局校招新业务，提升营业收入。表 3-2 是超棒人才对各业务单元的战略意图和收入预期。

表 3-2　超棒人才对各业务单元的战略意图和收入预期

业务单元	战略意图	2020 年	2021 年	2022 年	2023 年
测评	利用新技术提高产品价值	10.0 亿元	13.0 亿元	16.9 亿元	22.0 亿元
培训	稳步推进岗位品类建设	7.0 亿元	9.3 亿元	12.3 亿元	16.1 亿元
社招	加速覆盖全国重点地区	5.0 亿元	6.8 亿元	9.0 亿元	12.0 亿元
校招	进入新赛道，形成竞争力			1.0 亿元	2.5 亿元
营收合计		22.0 亿元	29.1 亿元	39.2 亿元	52.6 亿元

根据上述战略布局，测评、培训和社招三个业务单元分别启动了战略制定工作。针对校招新业务，超棒人才成立了"校招业务筹备组"（下文简称筹备组），其成员是公司内部具备丰富业务经验的专家，负责组织开展校招业务战略制定工作。本章结合超棒人才校招业务介绍业务战略制定工作的核心活动和内容。

3.6　市场洞察——宏观分析

原则上讲每个业务单元在启动战略制定工作后都要做差距分析，但因校招是新业务，没有历史数据，所以直接进入市场洞察环节。

回顾图 3-3，市场洞察是 BLM 战略制定部分的起点，其目标是洞察市场变化，找到市场机会。本书对市场洞察进行了细化，分为宏观分析、中观分析、微观分析三部分，包含看市场、看客户、看竞争、看自己、看机会五种视角。

在宏观分析环节，筹备组首先根据教育部的数据，对校招业务的供给侧数据趋势进行分析和预测，如图 3-4 所示，2018 ～ 2023 年大学毕业生数量逐年增加，很快突破一千万，就业需求旺盛。

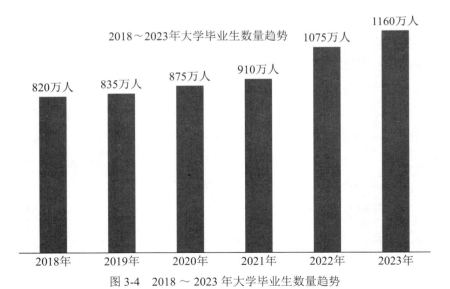

图 3-4　2018 ～ 2023 年大学毕业生数量趋势

　　然后筹备组根据国家统计局的数据，对校招业务的需求侧数据趋势进行分析和预测，如图 3-5 所示，2018～2023 年，规模以上和限额以上企业数量逐年提高，对大学毕业生的需求稳定。"规模以上工业企业""限额以上批发零售、住宿餐饮业企业"和"规模以上服务业企业"三类企业是数量最多的市场主体，是大学生就业的主要目标。

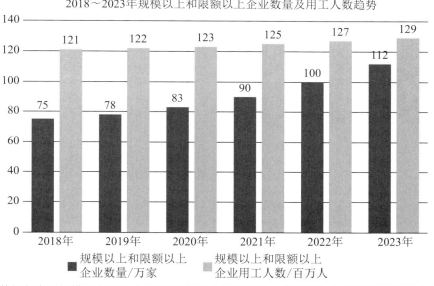

注：数据包含"规模以上工业企业""限额以上批发零售、住宿餐饮业企业""规模以上服务业企业"

图 3-5　2018～2023 年规模以上和限额以上企业数量及用工人数趋势

　　接着，筹备组利用相关互联网研究机构的招聘行业数据对校招业务市场规模进行分析和预测，如图 3-6 所示，校招市场整体规模将很快突破百亿元，市场发展趋势向好。

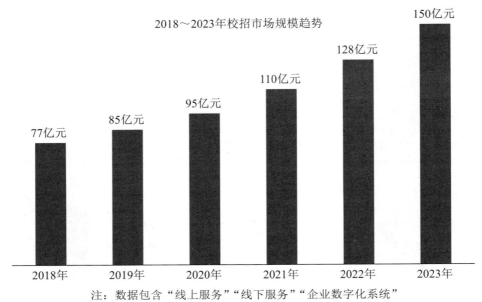

注：数据包含"线上服务""线下服务""企业数字化系统"

图 3-6　2018 ～ 2023 年校招市场规模趋势

综上，校招业务市场宏观趋势向好。

3.7　市场洞察——中观分析

中观分析是分析市场活动的各种参与者（下文简称市场玩家），明确自己的业务范围，确定与各种市场玩家的竞争合作策略的过程。很多企业在对待市场竞争时抱着零和思维，过分强调竞争，认为客户之外都是竞争对手，这违背了当前的市场发展策略，不利于企业建立战略联盟、扩大市场份额、巩固市场地位。笔者建议企业学习亚当·布兰德伯格（Adam M.Brandenburger）和巴里·内尔波夫（Barry J.Nalebuff）提出的价值网络模型（Value Net），如图 3-7 所示。该模型是非零和博弈，采用竞争合作思维分析市场玩家，可与很多玩家建立合作关系。

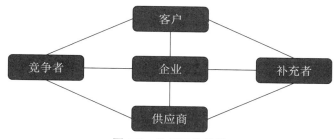

图 3-7　价值网络模型

价值网络模型中有五类市场玩家，除了"客户""企业"和"竞争者"，增加了"供应商"和"补充者"两种玩家，"供应商"是为企业提供某方面专业能力的玩家，"补充者"是在某些方面提供互补性产品的玩家。

（1）洞察关键客户需求

针对"客户"，主要洞察他们有哪些关键业务需求。表 3-3 是筹备组通过客户调研整理的校招业务关键客户需求。

表 3-3　校招业务关键客户需求

序号	关键客户需求	需求类别
1	按要求高效完成校园招聘任务	基本需求
2	在保证招聘数量的前提下提升人才质量	基本需求
3	高效组织面试官开展面试	基本需求
4	根据岗位要求快速确定目标院校和专业	期望需求
5	利用结构化题库对候选人开展笔面试	期望需求
6	利用职前培训，帮助校招新员工掌握基本职业技能	兴奋需求

表 3-3"需求类别"一列中的"基本需求"是指产品必须有的功能或属性，"期望需求"是指产品最好要有的功能或属性，"兴奋需求"是指超出客户期望的功能或属性。

（2）竞争者分析

针对"竞争者"，要分析他们的发展历史、业务现状和侧重点，思考我们如何进行差异化发展并实现超越。表 3-4 是筹备组对市场中三个典型竞争者的分析。

表 3-4 典型竞争者分析

竞争者	发展情况	优势	不足
A	校园活动服务商起家，主要服务各大央国企，项目收费一般在 50 万元以上，年营收 6 亿元	客户关系好，线下活动组织出色，客单价高	数字化产品支撑不足，业务量大时靠增加人力来应对，利润率低
B	系统集成商起家，主要服务中小民营企业，项目收费 5 万～15 万元，年营收 3.5 亿元	经过多年积累已形成一套校招产品，复用度较高	校园活动问题多，对行业理解不深，客户口碑一般
C	传统社招网站起家，主要服务社招客户中有校招需求的客户，项目收费 10 万～30 万元，年营收 2.5 亿元	对行业的理解深，客户资源多，产品能力强	将校招作为防御性业务，资源投入有限，发展前景一般

　　竞争者 A、B、C 分别代表了三种典型的发展路径，业务侧重点也各不相同。给超棒人才校招业务带来的启发是，要想在市场中立足，既要打造优秀数字化产品，也要在校招活动方面下足功夫，线上线下相结合才能让客户满意并实现更可观的盈利。以上是简单的竞争分析，如有必要可采用 SWOT 分析法[1]进行全面分析，此处不再赘述。

（3）竞合策略分析

　　除了客户，还要看与哪些市场玩家可以建立合作关系。表 3-5 是筹备组对校招业务的"竞争者""供应商"和"补充者"三种玩家的相关分析。

表 3-5 校招业务竞争者、供应商和补充者分析

市场玩家类别	典型玩家代表	竞合策略
竞争者	校招服务提供商（直接竞争者）	竞争指数：★★★★★，合作指数：★☆☆☆☆ 竞合策略：通过产品差异化亮点提升竞争力，实现市场地位超越。未来可根据不同地区的优劣态势建立有限的合作关系
	互联网招聘网站（间接竞争者）	竞争指数：★★★☆☆，合作指数：★★★☆☆ 竞合策略：我们为他们带来校招职位，他们为我们带来大学生资源

---

[1] SWOT 分析法是基于内外部竞争环境和竞争条件的态势分析，S（Strengths）是优势，W（Weaknesses）是劣势，O（Opportunities）是机会，T（Threats）是威胁。

续表

市场玩家类别	典型玩家代表	竞合策略
供应商	AI 技术服务商	竞争指数：★☆☆☆☆，合作指数：★★★★☆ 竞合策略：他们为我们提供 AI 专业技术，我们为他们提供充足的数据以提高技术专业度
	活动服务商	竞争指数：★☆☆☆☆，合作指数：★★★★☆ 竞合策略：他们为我们执行线上线下校招活动服务，我们为他们提供业务机会
补充者	钉钉、企业微信、飞书等企业协作工具	竞争指数：★☆☆☆☆，合作指数：★★★☆☆ 竞合策略：我们为平台提供校招服务插件，他们帮我们打通企业客户内部协作和沟通渠道
	校园大使	竞争指数：☆☆☆☆☆，合作指数：★★★★★ 竞合策略：他们为我们的客户做好学生沟通服务，我们为他们提供更多实习机会和就业机会

根据表 3-5，即便是直接竞争对手未来也可在某些地区建立有限合作关系，而与各招聘网站则更可放心开展合作。对于 AI 技术服务商、活动服务商等供应商，要警惕他们发展成竞争者，可通过投资持股等方式强化战略联盟关系。对于企业协作工具和校园大使等补充者，要加强沟通、强化互补关系，防止因合作不畅导致客户利益受损。

3.8 市场洞察——微观分析

微观分析环节主要是分析企业自身有哪些难以被外界模仿的独特资源，能够支持自己在市场中获得竞争优势。此处建议使用 VRIO 模型，该模型由杰恩·巴尼（Jay B. Barney）提出，通过对企业各项资源进行价值性（Valuable）、稀缺性（Rare）、难以被模仿性（Inimitable）、可组织性（Organizable）四个维度的评估，从而找出企业独特的、难以被模仿的资源，帮助企业建立可持续发展竞争优势。需要注意的是，能力也是一种资源。

筹备组对公司相关资源进行了盘点、梳理，表 3-6 是校招业务的 VRIO 分析结论。

表 3-6　校招业务 VRIO 分析结论

序号	资源	有价值的	稀缺的	难以被模仿的	可组织实施的
1	近万家客户资源	√	×	×	×
2	与近两百家高校有合作关系	√	×	×	×
3	遍布全国的数十家分公司	√	√	×	×
4	五位拥有五年以上企业校招项目实操经验的业务专家	√	√	×	×
5	三位拥有十年以上从业经验的资深人力资源管理专家	√	√	×	×
6	五位拥有十年以上人力资源管理数字化经验的系统架构师	√	√	√	×
7	一套经过多年实践验证的简历评价模型	√	√	√	√
8	一套经过多年实践验证的人才测评模型	√	√	√	√
9	一套经过多年实践验证的人岗匹配模型	√	√	√	√
10	一套经过多年实践验证的与相关机构协作形成的背调机制	√	√	√	√

通过表 3-6 可知，前两个资源有价值但并不稀缺，第 3、4、5 个资源虽然稀缺但门槛不高，第 6 条难以被模仿但需转化为数字化能力，只有第 7、8、9、10 个资源已经形成产品竞争力，公司在校招业务中要多发掘这种优势资源才能形成业务领导力。

以上是市场洞察环节的全部内容，需要强调的是市场洞察类活动极为关键，如果没有高质量的市场情报支撑，业务战略制定流程和后面的产品规划立项流程容易出现"垃圾进、垃圾出"现象。很多企业导入 IPD 系统失败的根本原因是看不清市场，如果企业平常没人跑市场跑客户、不能及时收集各种情报，就很难支撑业务战略制定和产品规划。所以，流程高质量运行需要有效的组织保障，根据笔者的经验，有两种做法可有效地提升企业的市场情报收集能力。

① 如果企业在各地区有分支机构，可在各分支机构设置产品市场专员。这

个岗位除了负责本地区的产品售前和交付支持，还要随时收集本地区各相关政策的施行情况、各竞争对手的动向、各客户的反馈，并及时整理这些市场情报提交给企业总部。

②企业中高层管理人员更要重视高层次市场情报的收集，例如一些研究机构的最新研究成果，这种级别的情报一般市场人员难以接触到，而这些信息对业务战略制定和产品规划是非常有帮助的。

另外，要注意对各种市场情报进行分类管理，可参考表 3-7 的分类。

表 3-7　市场情报的分类管理

序号	分类	情报	来源
1	政府政策	政府出台的涉及本业务领域的产业政策、法律法规、规章制度	① 政府网站； ② 拜访相关人士
2	行业趋势	各行业协会或研究机构对业务发展趋势的研究报告，包括发展阶段、市场规模、增长趋势、标准规范、新技术应用趋势、潜在风险等	① 行业协会网站； ② 研究机构网站； ③ 拜访行业专家
3	客户需求	客户在本业务领域的痛点、诉求，以及产品采购意向，包括以下几方面： ① 需要覆盖哪些业务场景，需要哪些功能； ② 要与哪些客户既有的系统集成，集成复杂度如何； ③ 采购预算有多少，采购流程是什么； ④ 云计算部署方式是公有云、还是私有云	① 客户对上一代产品的反馈； ② 在其他产品销售过程中收集的与本业务领域相关的客户需求； ③ 拜访客户时进行深度调研
4	竞品资料	① 有哪些竞争对手，公司实力如何，竞品的市场占有率是多少，优点和不足是什么，客户有哪些不满； ② 有哪些友商，公司实力如何，哪些产品与我们可以建立合作关系，我们基于他们还是他们基于我们	① 主动拜访购买过竞品的客户，了解竞品使用情况； ② 竞品网站； ③ 友商网站； ④ 第三方评测机构

3.9　创新焦点

创新焦点是借鉴先进行业和企业的优秀实践经验，总结可以学习借鉴的创新点，提高自己业务设计的先进性，构建竞争力。

回到案例，社招一般有春季和秋季两个旺季，旺季岗位多、求职者多、招聘工作量大，但旺季和淡季总体差别不大。筹备组通过调研发现校招与社招区别很大，有以下四个特点。

① **周期性**：每年 6 月份到 10 月份是校招旺季，具有明显的周期性。

② **爆发性**：每年校招季，上万家企业、数百家高校、近千万学生纷纷行动，具有爆发性。

③ **项目性**：很多企业成立专门项目组开展大学生招聘工作，不像社招那样按部就班。

④ **复杂性**：各个企业的校招流程和组织方式差异很大，难以找到共同点。

针对业界哪些业务和产品值得校招业务借鉴，筹备组研究了诸如企业协作工具、企业低代码应用、数字装修、智能出行等数字化先进案例，总结出如下可借鉴的创新点。

① **采用流程引擎实现企业个性化**。通过流程引擎每个企业可根据自己的需求灵活制定校招流程，实现"千企千面"。这一点属于产品服务创新。

② **建立产品与项目协作机制**。每个客户的校招项目有自己的起止时间，校招业务的产品开发有自己的计划。校招项目交付由服务组织负责，产品开发由产研组织负责。利用产品实现校招项目高效交付，产品为大批校招项目提供有力支撑。产研与服务两个组织要通过周密计划、资源互锁强化协作关系。这一点属于内部管理模式创新。

③ **积极发展合作伙伴**。校招业务核心环节由自己掌控，其他环节可请外部伙伴完成，并尽量在校招项目结束后再进行结算，减小资金压力。这一点属于业务运营模式创新。

3.10　业务设计

至此，校招业务筹备组通过市场洞察环节厘清了校招业务市场空间、与各市场玩家的竞合策略、企业自身的独特优势资源，通过创新焦点环节总结了创新点，接下来进入业务战略制定的核心环节——业务设计。

业务设计是在市场洞察和创新焦点成果的基础上，完成客户选择、价值主张设计、商业价值获取、活动范围确定、战略控制点检查和风险管理等活动。

（1）客户选择

"客户选择"是确定业务的目标市场，即为哪些客户提供产品服务。

筹备组在选择客户时有以下两方面考虑。

① 校招业务是个双边业务，一边是用人单位，一边是大学毕业生，只有双边相互匹配才能形成良性循环，所以要选择优质企业、优秀人才作为服务对象。

② 校招是个新业务，以前没有业务积累，关键成功要素有哪些需要探索，只有与先进企业合作，才能形成好的产品和服务，才能快速确立市场地位。

经过广泛讨论和系统思考，最终筹备组确定目标客户如下。

① **用人单位方面**：选择那些每年有校招需求、校招项目预算充足、受到广大学生青睐、具有良好雇主口碑、已形成基本招聘流程、能接受新兴事物、愿与我们共同打造校招产品的企业客户。从业务范围上，围绕客户的校招项目打造产品，满足校招项目执行人员、面试官、入职前培训人员、用人部门主管等核心用户的需求。

② **大学毕业生方面**：优先覆盖重点城市、重点院校，产品要满足大学毕业生和校园大使两类核心用户的需求。

（2）价值主张设计

价值主张是瞄准客户痛点和期望确定产品价值亮点，确保产品契合客户需求。

筹备组通过调研双边客户的需求，确定校招业务的价值主张如下。

① **对于用人单位**，我们是校园招聘服务商，为其提供线上线下一站式解决方案，覆盖校园活动、在线网申、笔面试管理、offer（录用通知）管理等全部业务场景。

② **对于大学毕业生**，我们是校园招聘顾问，为其提供就业机会，帮其了解用人单位、岗位要求、就业前景等信息，做好网申和笔面试安排，直至大学生收获满意 offer。

（3）商业价值获取

商业价值获取是描述业务的商业模式，即如何获取商业回报实现盈利。

校招业务主要通过收取企业客户的校招项目服务费用实现盈利，收费服务有如下三方面。

① **线上服务**：包括网申门户、职位发布、在线宣讲、简历投递等，按模块收费。

② **线下服务**：主要指校园宣讲会和双向选择会等线下活动，按活动内容收费。

③ **企业数字化系统**：指部署在客户企业内部，帮客户企业完成校招流程协作的系统，按年度收费。

（4）活动范围确定

活动范围确定是描述所有业务活动中，哪些活动由自己完成，哪些活动可请外部合作伙伴完成。通常来讲，核心活动要掌握在自己手中，支撑活动可由外部合作伙伴完成。外部合作分为两种："合作做"是双方共同完成项目然后进行结算（无资金压力），"委托做"则是付费购买专业服务（有资金压力）。

筹备组结合市场玩家竞合策略和公司自身独特优势资源，确定了校招业务的活动范围，如表 3-8 所示。

表 3-8 校招业务活动范围

序号	业务活动	自己做	合作做	委托做
1	线上产品及企业数字化系统开发	核心系统和功能模块由我司产研组织负责	① 与各企业协作工具厂商建立合作关系，将我司校招业务变成平台插件，供客户选择。 ② 我司开展校招业务时，优先向客户推荐合作顺畅的企业协作工具	对于可利用 AI 技术提效的功能模块，付费请 AI 技术服务商进行开发

续表

序号	业务活动	自己做	合作做	委托做
2	校招项目交付	各校招项目的全过程管理由我司服务组织负责	① 各校招项目结合自身需求选择合适的招聘网站开展合作，项目完成后进行结算。 ② 各校招项目的线上个性化定制、线下活动执行请各地建立合作关系的活动服务商完成，项目完成后进行结算。 ③ 在各院校发展校园大使与学生进行日常沟通，定期发放补贴	无

总之，校招业务需要众多市场玩家一起合作才能取得良好效果，所以要积极发展合作伙伴，快速占领市场。

（5）战略控制点检查

战略控制点检查是评估业务设计有无战略控制点，门槛高不高，能否形成"护城河"。

筹备组根据战略控制点检查表上的项目对校招业务进行了评估，如表3-9所示。表中有八种战略控制点，分值越高，战略控制效果越好。

表3-9 校招业务战略控制点检查表

序号	战略控制点分值	战略控制点描述	经评估可实现
1	8	**行业政策**：可影响行业政策规范，行业话语权高	
2	7	**行业标准**：通过专利技术或标准引领行业发展	
3	6	**平台黏性**：企业多，院校多，学生多，形成生态黏性	√
4	5	**服务领先**：服务好，口碑好，客户留存度高	√
5	4	**技术领先**：产品技术比竞争对手领先至少一代	√
6	3	**成本领先**：产品成本比市场平均水平低20%以上	√
7	2	**平均成本**：产品成本接近市场平均水平	
8	1	**形成产品**：形成通用产品，不必每次为客户定制开发	

经过评估，筹备组认为超棒人才校招业务要实现成本领先、技术领先、服务

领先和平台黏性等战略控制点。成本领先可通过发展外部合作伙伴实现，技术领先可通过技术积累实现，服务领先可通过优化业务运营机制实现，平台黏性可通过不断增加平台客户数量实现。

（6）风险管理

风险管理是评估业务开展过程中可能会遇到哪些风险，如何应对才能规避风险，将风险带来的后果降到最低。

经过评估，筹备组认为校招业务最大的风险是学生用户担心隐私数据被泄露，应对方案是借鉴社招业务的处理方式，在产品中详细说明用户数据使用范围，告知用户个人数据将如何被使用，允许用户随时关闭数据访问权限，支持用户注销个人资料，消除用户顾虑。

以上是 BLM 战略制定部分的内容，接下来是战略执行部分。战略执行部分主要包括关键任务梳理、里程碑计划制订、关键人才招聘、奋斗文化氛围营造、组织流程优化，以及对可取得的市场结果进行预测。由于本章聚焦业务战略制定而非战略执行，所以在此仅简单介绍关键任务、财务预测和组织流程等与产品规划开发有关的内容。

3.11　关键任务

关键任务是根据战略意图，通过总结差距分析、市场洞察、创新焦点三个环节提出的措施，梳理形成一系列工作任务，并按优先级制订未来三年的里程碑计划。

筹备组制订了 2021 ～ 2023 年校招业务的关键任务及里程碑计划，如图 3-8 所示。

筹备组按三条线（产品线、客户线和生态线）列出了关键任务，后续三年分别按照"奠定基础""实现突破"和"快速增长"年度主题推进业务，每年围绕三条线推进一系列工作任务，实现相应的业务目标。

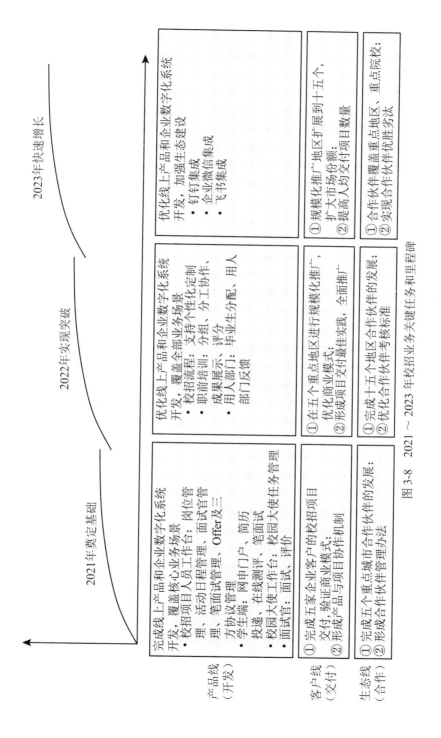

图 3-8　2021～2023 年校招业务关键任务和里程碑

3.12　财务预测

财务预测是根据关键任务里程碑计划对未来三年市场结果进行测算。

筹备组对校招业务未来三年市场结果进行了预测，如表 3-10 所示。

表 3-10　校招业务未来三年市场结果预测

预测维度	2021 年	2022 年	2023 年
客户数量	5 家	400 家	835 家
客单价	20 万元	25 万元	30 万元
营业收入	100 万元	1 亿元	2.5 亿元
利润率		25%	50%
人均单产		80 万元	120 万元

第一年（2021 年）完成产品开发和五家样板客户验证，第二年正式进入市场开拓客户，第三年客户数量翻倍。随着产品覆盖的业务场景越来越全面，客单价（来自每个客户的平均收入）不断上涨。筹备组基于客户数量、客单价两个基本变量，结合对员工数量、人力成本、办公费用、研发费用、营销费用、销售费用、管理费用的测算，得出了营业收入、利润率和人均单产等市场结果的预测数据。

3.13　组织与流程优化

组织与流程优化是指为了推动业务战略落地，对组织架构、业务流程进行优化。

筹备组对校招业务组织架构设置的建议如表 3-11 所示，产品开发部和项目交付部需要新组建，而市场部和销售部复用现有分公司资源即可。

表 3-11　校招业务组织架构设置建议

部门名称	主责	参与	备注
产品开发部	产品规划立项，产品开发	客户项目售前与交付支持	新组建
项目交付部	客户项目交付	客户需求收集，产品开发计划制订	新组建
市场部	市场洞察，市场活动开展	客户需求收集，样板客户发掘	复用现有分公司资源
销售部	销售线索跟进、成单	客户需求收集，竞品资料收集	复用现有分公司资源

流程方面，筹备组要求校招业务遵循 IPD 系统的流程开展产品规划与开发。

3.14　业务战略评审

各业务单元完成业务战略制定后，按照战略管理日历申请战略委员会评审，评审过程的组织和跟进由战略管理部负责。

一个业务战略评审会议一般为两小时左右，先由业务战略制定负责人进行汇报，然后战略委员会成员提问，战略制定小组答疑，最后战略委员会成员集体商议给出评审结论。评审结论有以下三种。

①"通过"：意味着同意按业务战略开展后续活动。

②"不通过"：意味着当前条件不成熟，取消该业务。

③"修改后再审"：意味着业务战略有需要改进之处，修改完善后再上会评审。

校招业务最后通过了业务战略评审，接下来将开展产品规划立项活动，相关内容将在第四章进行介绍。

3.15　业务战略制定流程效果评价

一个流程在企业推行之后，要对该流程的运行效果进行评价，看其为企业管理和经营发展带来哪些价值。对于超棒人才业务战略制定流程的运行效果，2020年底战略制定工作结束后，战略委员会组织参与者进行评价，大家认为业务战略制定流程有如下优点。

① 重视市场资料收集与客户调研，指导业务单元以市场为导向、以客户为中心制定战略。

② 根据未来市场发展趋势选择客户，聚焦目标市场进行业务设计。

③ 引入竞合思维，强调与竞争者、供应商、补充者进行合作。

④ 站在将来看现在，通过预测未来市场结果，强化大家对关键任务的共识。

⑤ 各业务单元范围明确，互不冲突，可通过产品组合为客户提供解决方案。

⑥ 通用技术开发由公司统筹，不占用各业务产品开发预算。

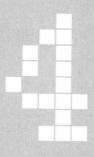

第四章

产品规划立项流程

根据战略管理日历（图 3-1），业务战略制定完成后，要评估战略中哪些部分需要产品承接，启动产品规划立项流程。业务战略是粗粒度的市场分析和机会选择，产品规划立项则依据业务战略的指引，对市场做更细致的研究、分析，进行市场细分和选择，聚焦关键客户需求完成产品定义和商业模式设计，形成产品立项报告，提交产品委员会审批，以获得专业建议和投资支持。此流程与项目工时管理制度、财经管理制度相结合，可有效帮助企业管控产研资源，避免"偷开发、乱开发"现象。

超棒人才案例中，测评、培训、社招、校招四个业务单元在完成业务战略制定后紧接着启动了产品规划立项，本章继续结合超棒人才校招业务案例进行介绍。

4.1 产品管理基本知识

在讲解产品规划立项流程之前，先介绍产品管理相关的基本知识，确保大家对本书中的基本概念认知一致。

4.1.1 基本概念

（1）产品

产品的概念很简单："满足某个客户群体某种需求的东西。"但产品概念的内涵和外延特别丰富，如果不全面了解容易陷入误区，下面进行详细介绍。

产品概念的内涵就是产品的属性，主要包括以下几点。

① **可稳定批量生产**：一次性的东西不是产品，例如陨石、艺术品、给客户定制的方案等。

② **为客户带来业务价值**：对客户来讲"价值"是付费买来的效益增量，To B 产品要为企业客户带来开源、节流、提效、合规等价值，若说不清价值就不是产品。

③ **为公司带来商业价值**：产品不是公益，产品要为企业带来商业回报，商业回报有多种形式，有些产品会带来营业收入，有些产品会带动客户规模增长，有些产品则能缩短其他产品的开发周期。

产品概念的外延就是产品的范围，可以从两个视角来看。

从客户视角来看，产品由"核心产品"和"延伸产品"组成，核心产品是提供关键功能和价值的产品，延伸产品是辅助核心产品提供价值的产品。延伸产品包括但不限于以下几种。

① 品牌：知名度、美誉度。

② 设计：材质、外观、颜色、使用体验。

③ 付款方式：一次性付款、分期付款、货到付款。

④ 退货：是否支持无理由退货，退货便利性。

⑤ 口碑：用户真实评价。

⑥ 包装：形式、档次、严实程度，是否支持二次密封，有无独立分体小包装。

⑦ 物流：方式、费用（是否包邮）、承运方、拒收条件。

⑧ 安装交付：付费安装、免费安装、自己组装。

⑨ 使用支持：操作手册、帮助文档、视频教程。

⑩ 售后服务：客服远程指导、人工上门服务。

从公司视角来看，产品一词范围更广，除了产研部门进行产品规划与开发外，市场部门、销售部门、生产制造部门、服务交付部门也围绕产品开展相关工作，所以产品是客户需求、产品定义、定价策略、营销推广策略、销售渠道策略、实施交付策略、售后服务策略等一系列要素的集合。

（2）解决方案

产品帮助企业客户的岗位级用户实现"任务级闭环"，例如简历搜索引擎产品帮助招聘专员完成搜索、筛选、下载简历的任务。

解决方案强调为客户提供一站式服务，通过将几个产品（这几个产品称作该解决方案的部件产品）组合在一起，加上咨询服务、实施服务、定制开发服务，甚至将产品与其他公司产品集成在一起，帮助客户的一个部门或组织实现"业务级闭环"，例如校招解决方案帮助客户的校招项目组完成从确定校招需求、在线宣传推广、开展校园活动、收集筛选简历、组织笔试面试，到发放 offer、职前培训、部门培养，再到转正述职的全过程。

图 4-1 是某解决方案的构成示例，可以看到来自其他公司的 C 产品也被纳入到解决方案之中，因为客户需求多种多样，一家企业往往无法满足其所有需求，所以要与外部伙伴开展合作。

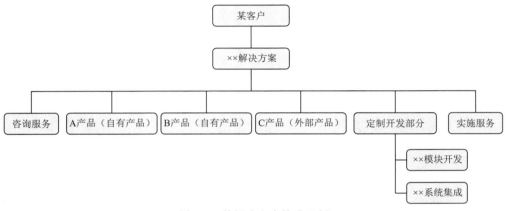

图 4-1　某解决方案构成示例

图 4-1 中"定制开发部分"包括了与其他系统的集成，说明该解决方案不仅要实现自有部件产品之间的数据打通，还要实现与客户已有系统的数据互联。

（3）客户与用户

客户是购买产品的企业（一般是某个部门），用户是具体使用产品的各岗位人员。

区分客户和用户可帮助产品开发团队更好地响应需求，产品营销过程中关注客户需求才能更好地销售（产品有用），产品交付过程中关注用户需求才能让产品有生命力（产品好用）。

（4）客户交付项目

To B 产品通常比较复杂，很难做到"开箱即用"，所以跟客户签订的往往是一个项目交付合同，项目交付内容是某个解决方案（参见图 4-1），这种项目称为客户交付项目，是给企业带来收入的，在客户项目管理交付系统中进行管理。解决方案中的定制开发部分、各部件产品的联调部分、与外部产品的集成部分，都包含在客户交付项目范围内。

（5）产品研发项目

产品研发的过程，包括需求分析，形成方案，产品研发、测试、发布，这种项目称为产品研发项目，是需要企业资金支持的，在产研项目管理系统中进行管理。

（6）技术研发项目

为了加速产品研发，缩短产品交付周期，提高产品竞争力，往往由一个技术团队负责公用基础模块或技术平台的迭代升级，实现"一次技术升级，多个产品受益"，这种项目称为技术研发项目，也需要企业资金支持，在产研项目管理系统中进行管理。

4.1.2 产品生命周期模型

要想理解产品管理的逻辑，就要了解产品从"出生"到"死亡"的整个过程。市场营销学理论提出了"产品生命周期"概念，图4-2是产品生命周期曲线，销售额曲线容易理解，此处重点关注利润曲线。在产品导入市场之前，企业在产品开发阶段已投入大量资源，如果产品上市之后表现欠佳，这部分沉没成本难以回收，就会导致亏损。根据美国高新技术企业协会多年的统计数据，从提出产品创意、产品开发、上市销售，到实现既定收入目标，产品成功率仅有七分之一，所以产品失败概率是非常高的。

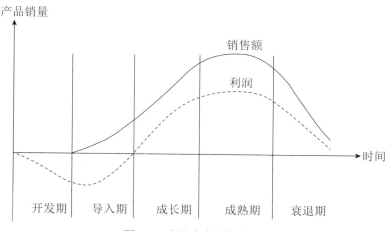

图4-2 产品生命周期曲线

产品生命周期模型告诉我们产品开发是有风险的，产品规划立项流程与产品开发流程的核心目标就是找准市场机会、缩短产品开发周期、提高产品成功率、减少投资浪费。

4.1.3 鸿沟理论：早期市场与主流市场

杰弗里·摩尔（Jeffrey Moore）在《跨越鸿沟》一书中提出了技术采用生命周期模型，即技术创新型产品的典型市场演进路径，该理论把市场分为早期市场和主流市场，如图 4-3 所示，这两个市场的客户心理特征和对待新产品的态度差异很大。

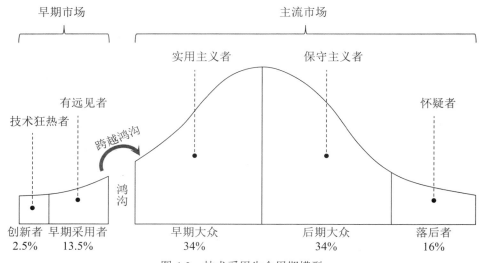

图 4-3　技术采用生命周期模型

早期市场中的客户接受新生事物能力强，哪怕产品不够成熟、性价比不高，只要客户认为产品可为自己带来一定的竞争优势，就愿意冒着一定风险采用产品。

主流市场中的客户则非常务实，相对比较保守，虽然产品有一定价值，但若产品质量有瑕疵（例如偶尔出现故障）、产品配套不完善（如缺少说明手册）或服务能力有限（如交付周期长），客户也坚决不会采用。只有当产品完善稳定后，客户才会考虑采用。

所以，早期市场和主流市场之间有一道明显的"鸿沟"，想跨越这道"鸿沟"要付出很多努力。

企业在进行产品规划时是选择进入早期市场还是主流市场，笔者建议如下。

① 如果产品市场已发展多年、增长速度不错、市场尚未饱和，客户已经对产品概念和预期效果形成共同认知，应优先进军主流市场。此时市场风险低，新产品只要与竞品相比具有差异化优势，就可快速取得市场份额。例如，国外一些知名工业软件公司（例如欧特克、斯伦贝谢、霍尼韦尔等公司）在很多专业领域耕耘多年，已经在国内完成了市场培育和客户教育。假如国内软件公司判断未来有"卡脖子"风险，就可以启动上述公司产品的类似产品的开发，借助"国产化替代"政策引导国外软件客户转化成本企业的客户。

② 如果企业是某个行业的领军企业，通过战略洞察发现以企业的能力和资源有机会引领整个行业升级，可直接进军早期市场。这个过程往往既需要"超能力"（有技术），也需要"钞能力"（有资金）。为了实现目标，企业要联合行业头部企业一起建立产业联盟，制定行业标准，推动政府制定相关政策，促进行业进步。回顾近年来国内新能源车市场的发展过程，新能源车渗透率从2020年的5.8%，到2021年的14.8%，再到2022年的31.8%，说明新能源车在中国市场已经跨越了鸿沟。其实新能源车在19世纪就问世了，比燃油车还要早，为什么现在才跨越鸿沟？为什么率先在中国跨越鸿沟？起决定性作用的两个关键要素是"政策大力扶持"和"电池技术突破"，网上有很多相关资料，此处不再赘述。

4.1.4　Gartner（高德纳）技术成熟度曲线

Gartner公司是全球权威的技术咨询机构之一，从1995年起每年都会发布技术成熟度曲线（Hype Cycle for Emerging Technologies），展示市场上各种新兴技术的成熟度和采用情况。图4-4是技术成熟度曲线示例。一项新兴技术出现之后，会经历技术萌芽期、期望膨胀期、泡沫破裂低谷期、稳步爬升复苏期、成熟期。很多技术在这个过程中被淘汰，无法产生实际价值。

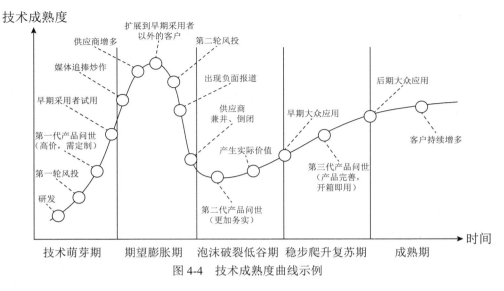

图 4-4　技术成熟度曲线示例

技术成熟度曲线与技术采用生命周期模型有异曲同工之处，两者的对应关系如图 4-5 所示。

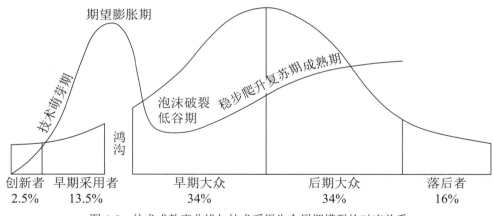

图 4-5　技术成熟度曲线与技术采用生命周期模型的对应关系

在技术萌芽期和期望膨胀期，早期市场客户非常兴奋，他们看好技术发展前景，愿意"尝鲜"、采购、试用。但若技术迟迟不能产生实际价值，难以得到主流市场客户认可，随即跌入那道"鸿沟"，就进入泡沫破裂低谷期。等技术逐渐有了实用价值，则进入稳步爬升复苏期，也就跨越了鸿沟，进入主流市场，实现良性发展。

4.1.5 精益创业模型

埃里克·莱斯（Eric Ries）在《精益创业》中提出了一个精益创业模型（也叫 MPP 模型），如图 4-6 所示。首先根据对市场需求的深刻理解提出一个产品构想，接着开发最小可用产品（MVP）推向市场，然后根据数据评估产品是否与市场需求匹配（产品—市场匹配，PMF），据此刷新市场认知，决定是继续完善产品还是进行转型（PON），如此不断循环，推动产品走向成功。

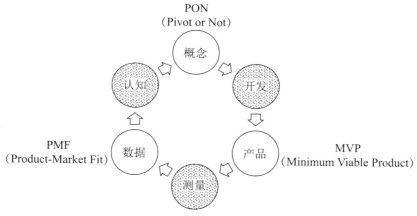

图 4-6　精益创业模型

这是产品规划与开发的基本模型，不仅在产品开发方面可使用此模型，在产品营销推广方面也可使用。例如，产品通过客户验证后形成营销策略 v1.0，进行一轮市场推广，然后根据市场数据分析形成营销策略 v2.0，如此不断循环，逐步提升营销效果。

精益创业模型与管理学 PDCA 循环（如图 4-7 所示）有相似之处，不过此模型更侧重产品的创新、验证和优化，PDCA 循环侧重管理活动的迭代、优化。

在产品开发过程中两者可有机结合，精益创业模型聚焦减少投资浪费，PDCA 方法聚焦提升管理活动效果。

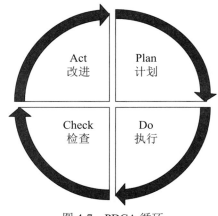

图 4-7　PDCA 循环

以上是产品管理相关的基本知识，接下来介绍产品规划立项流程。

4.2　产品规划立项流程概览

产品管理模型中产品规划立项流程的位置如图 4-8 所示（虚线标记部分）。

进一步展开产品规划立项流程，可以看到流程内部的关键活动，如图 4-9 所示。

产品规划立项流程的关键要素如下。

① **流程的输入**：产品规划立项流程的输入来自业务战略制定流程和需求管理流程两方面。业务战略制定流程通过市场洞察环节主动发掘需求，形成一些产品方面的新想法，这种输入的特点是前瞻性较强。需求管理流程通过分析客户对产品的相关反馈，为产品改进提供启发，这种输入的特点是贴近客户业务实际。

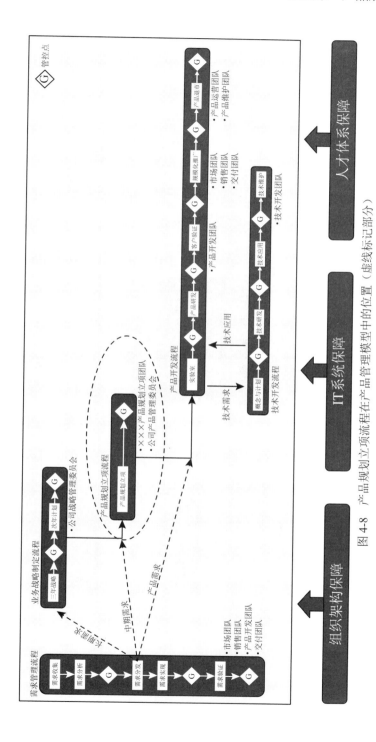

图 4-8 产品规划立项流程在产品管理模型中的位置（虚线标记部分）

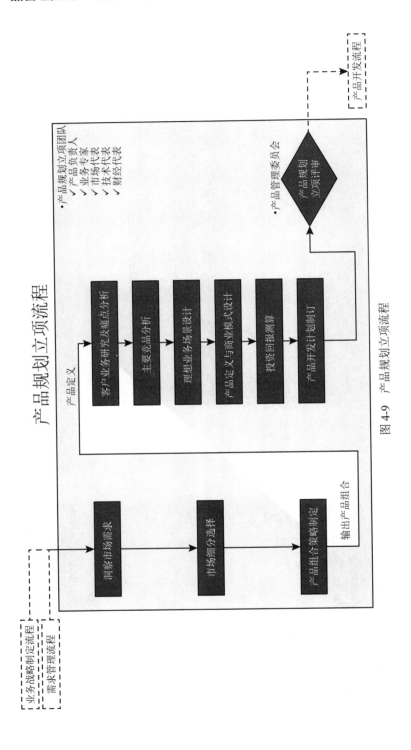

图 4-9 产品规划立项流程

② **流程关键活动**：关键活动分为两组。图 4-9 最左侧一列是第一组，有"洞察市场需求""市场细分选择""产品组合策略制定"三个关键活动，目标是根据市场需求确定产品组合。中间一列是第二组，有"客户业务研究及痛点分析""主要竞品分析""理想业务场景设计""产品定义与商业模式设计""投资回报测算""产品开发计划制订"六个关键活动，目标是完成产品组合中各个产品的定义。

③ **关键活动负责人**：产品规划立项流程所有关键活动由产品规划立项团队负责，该团队是临时虚拟组织，成员包括产品负责人、业务专家、市场代表、产品研发代表和财经代表，各成员职责分工如表 4-1 所示。该团队利用一个月左右的时间一起交流、编写、优化产品规划报告，直至完成产品立项评审，再就地解散。

表 4-1　产品规划立项团队成员职责分工

成员	来自部门	主要职责
产品负责人	产品研发部门	① 制订团队工作计划，分配工作任务； ② 分析客户业务痛点，进行竞品分析、产品定义、商业模式设计、投资回报测算； ③ 汇总各成员工作成果，形成产品规划报告，进行评审汇报
业务专家	业务部门	参与市场分析、客户业务分析、竞品分析，提供专业观点
市场代表	市场管理部门	收集市场情报、竞品情报、客户需求，进行市场分析、客户分析，参与商业模式设计
产品研发代表	产品研发部门	参与产品定义，评估技术可行性、研发工作量，制订产品开发计划
财经代表	财经管理部门	参与成本评估、投资回报测算

④ **立项评审负责人**：产品规划立项的评审负责人是产品委员会，该组织是常设虚拟组织——其成员一年内保持稳定，成员包括产品研发体系代表、技术研发体系代表、市场体系代表、销售体系代表、客户项目交付体系代表及各业务领域专家和技术专家（详细成员介绍见第八章），其执行机构是产品管理部，立项评审时各成员从各自视角提出问题，产品负责人进行澄清，最后所有成员投票决定是否同意产品立项。

⑤ **流程的输出**：产品立项通过后，产研项目管理系统给产品分配产品编码，财经管理系统给产品分配财经编码，业务单元成立产品开发小组，正式启动产品开发流程。

需要注意的是，图 4-9 只是一个基本模型，各企业可结合实际情况灵活调整产品规划立项流程的内容。举个例子，假设在"产品组合策略制定"中针对两个细分市场推出产品组合——产品 A+ 产品 B，这两个产品一起立项还是分开立项？这时候要看 A、B 两个产品是一起上市，还是产品 A 先上市、产品 B 后上市。

① **如果两个产品一起上市**，实际流程如图 4-10 所示，产品组合策略制定完成后，分别由两个团队对产品 A、产品 B 进行定义，然后两个产品一起进行立项评审，立项成功之后同时启动产品开发流程。

② **如果产品 A 先上市、产品 B 后上市**，实际流程如图 4-11 所示，产品组合策略制定完成后，对产品 A 和产品 B 分别进行产品定义、立项评审，并启动产品开发流程。

以上介绍了产品规划立项流程的关键要素，下面对每个流程关键活动的内容进行讲解。

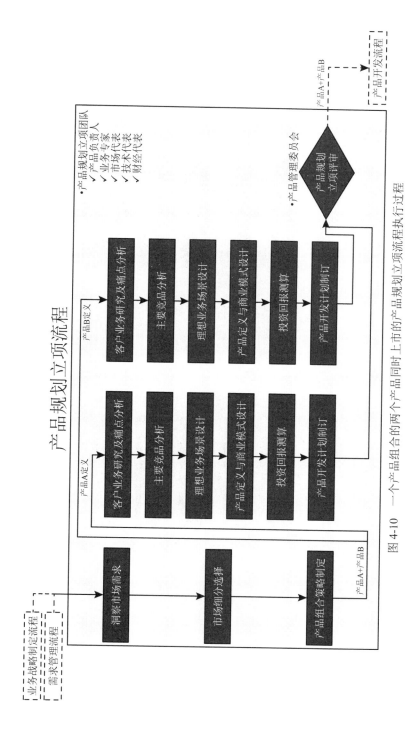

图 4-10 一个产品组合的两个产品同时上市的产品规划立项流程执行过程

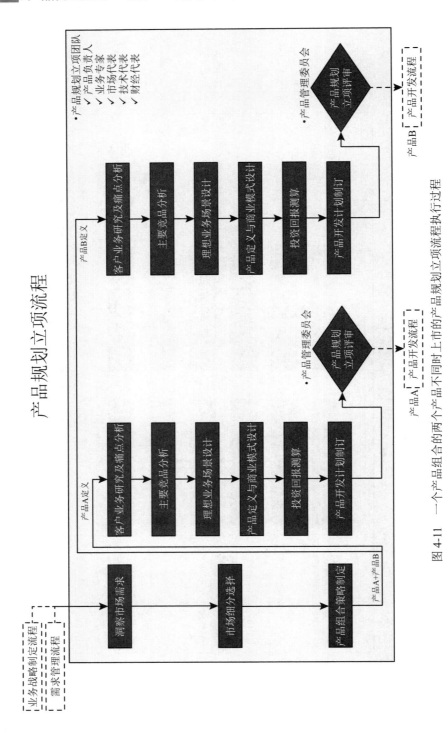

图 4-11 一个产品组合的两个产品不同时上市的产品规划立项流程执行过程

4.3 洞察市场需求

洞察市场需求是围绕目标市场需求进行深入分析，为市场细分和市场选择做好准备。

首先，从概念角度，要理解市场需求的含义，我们经常会提到客户需求和市场需求，两者是不是一回事呢？两者既有区别也有联系。客户需求是指一个特定企业客户在某个业务领域的需求，这里面既有与其他企业相似的需求，也有它自己独特的需求。将一个区域所有企业在这个业务领域的共性需求聚在一起，如果需求规模足够大可以形成一个市场，这种需求就叫市场需求。此时可规划标准化产品去满足这种需求。所谓市场规模就是这些企业客户愿意为这类产品支付的预算的总和。如果这些企业客户需求差异大、共性需求少，说明市场是早期市场，不够成熟，需要进一步培育，最好先通过几个客户定制项目打磨一个通用业务模型，然后引导客户需求向该业务模型靠拢，逐渐形成标准产品。

图4-12表现了从客户需求收敛到市场需求的过程。

首先调研企业1、企业2、企业3……企业n在某个业务领域的需求，并将需求分为若干维度（此处包括"业务场景与功能方面""价格与预算方面""系统集成方面""部署与安全方面"四个维度）；然后把每家企业在各个维度的需求强弱绘制成蛛网图，此时会发现各企业图形差异很大，体现了客户需求的个性化。把这n家企业客户需求的相同部分抽取出来，就得到下方的共性需求，共性需求就是市场需求，所以市场需求其实是客户需求的最大公约数。

从参与人员角度看，洞察市场需求活动的主导者是产品负责人和市场代表。除了市场代表主动收集各项情报外，产品负责人也要多接触客户。产品负责人是产品主导者，也是客户利益代言人，如果产品负责人脱离市场、远离客户，容易出现闭门造车现象，造成投资浪费。

回到校招业务案例，结合第三章3.6节的关键客户需求，产品规划立项团队需扩大调研范围，深入挖掘潜在需求，对需求内容进行细化，设定每个需求的共性指数，给出每个需求的实现方式，明确每个需求的成功标志，具体如表4-2所示。

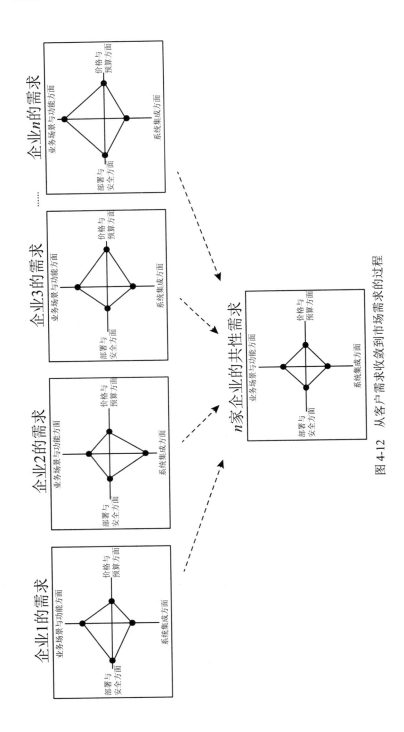

图 4-12 从客户需求收敛到市场需求的过程

表4-2 校招业务关键客户需求细化

序号	关键客户需求	需求类别	实现方式	成功标志
1	按照时间、数量要求高效完成企业客户给出的各个岗位的校园招聘任务	基本需求	**通过项目交付、产品赋能相结合实现：** 项目交付方面，结合客户历史项目数据设定"校园活动→简历→面试→offer→入职"各级转化数据，据此推算应开展的校园活动数量、应收集的简历数量； 产品赋能方面，根据校招岗位需求，利用人岗匹配模型智能匹配简历库，按匹配度分值找出合格简历	在保证招聘数量和质量的前提下使招聘周期缩短、招聘费用下降
2	紧贴用人部门需求，在完成各岗位招聘数量的前提下提升人才素质和潜力	基本需求	**通过项目交付、产品赋能相结合实现：** 项目交付方面，挖掘各用人部门对不同岗位的需求； 产品赋能方面，利用岗位自动匹配测评题库，对候选人进行在线招聘测评，根据测评结果给简历打标签，以便面试官识别候选人的素质和潜力	校招新员工入职后进取心和胜任度提高，流失率下降
3	高效组织面试官按统一标准完成面试，减少打分尺度差异	基本需求	**通过项目交付、产品赋能相结合实现：** 项目交付方面，帮助企业客户梳理结构化面试流程，形成各岗位面试标准，并对面试官开展统一培训； 产品赋能方面，将企业客户面试标准嵌入面试流程，以便面试官在初试、复试等环节按标准开展面试	所有面试官采用同一套标准开展面试，打分尺度相同
4	与客户OA（Office Automation，办公自动化）工作流相结合，收集各岗位校招需求	期望需求	**通过产品赋能实现：** 利用集成插件打通客户OA系统与校招系统，将OA工作流数据按需同步到校招系统中	收集校招需求的便利性提高、工作量下降
5	根据不同校招岗位要求快速确定岗位目标校和专业	期望需求	**通过产品赋能实现：** 结合企业客户自身的历史经验数据，或结合某类（某些）企业的历史经验数据，设定不同院校、不同专业在指定校招岗位中的权重	目标院校、目标专业学生的简历在合格简历中的比例提升

序号	关键客户需求	需求类别	实现方式	成功标志
6	利用预定义题库对各岗位候选人进行笔试	期望需求	**通过产品赋能实现：**可提供不同岗位的预定义笔试题库，根据客户各校招岗位需求自动匹配笔试题目，以便进行笔试	在不降低 offer 数量的前提下降低面试工作量
7	利用校园大使做好学生沟通工作	期望需求	**以项目交付为主，产品赋能为辅：**建设校园大使资源池，根据企业客户需求为其筛选合适的校园大使	校园大使及时为大学生答疑解惑
8	面向学生群体凸显企业良好的品牌形象	期望需求	**通过项目交付实现：**结合企业使命、愿景、价值观，利用线上品牌形象页、线下活动海报宣传企业客户品牌	应聘人数增加，offer 签约率提高
9	通过员工内推扩大优质候选人数量	期望需求	**通过产品赋能实现：**企业员工可通过社交平台分享校招岗位招聘信息，按照通过特定员工内推应聘入职的校招新员工人数进行激励	通过员工内推入职的校招新员工人数增加
10	提高就业指导老师对企业客户的重视度	期望需求	**以项目交付为主，产品赋能为辅：**项目交付方面，根据企业客户需求为其寻找就业指导老师并建立合作，开展校招活动，或为企业推荐优质候选人。产品赋能方面，建立各院校就业指导老师名录，不断完善老师画像，以便企业按需选择院校和老师	来自目标院校、目标专业的校招新员工人数增加
11	利用职前培训，帮助校招新员工掌握基本职业技能	兴奋需求	**以项目交付为主，产品赋能为辅：**项目交付方面，组织已签约的候选人开展职前培训，通过人员分组、题目下发、分组讨论、成果展示等环节，考查每个校招新员工的特质，为确定其部门去向做好准备。产品赋能方面，精细管理各小组成员的活动记录，以便找出参与度高、贡献度高的校招新员工	校招新员工入职后工作上手快，用人部门满意度提高
12	根据业务发展优先级，让重点业务部门优先选择校招新员工	兴奋需求	**通过产品赋能实现：**利用工作流引擎灵活定制校招新员工分配过程，让不同业务部门按优先级选择校招新员工，实现优秀毕业生向核心业务倾斜	重点业务部门对学生分配结果的满意度提高

表 4-2 中关键客户需求增加到 12 条，"实现方式"一列对如何满足客户需求进行了梳理，一种是通过产品赋能实现，一种是通过项目交付实现，二者可以结合。"成功标志"一列描述了满足需求后客户获得的业务价值，业务价值越高，客户越满意，越能体现产品亮点。

4.4 市场细分选择

图 4-12 将市场上所有客户需求收敛为一个共性需求，这是个理想模型，现实情况则复杂得多。多数情况是市场上客户需求参差不齐、差异很大，很难收敛为一个共性需求。此时不妨尝试对客户进行分组，将一群相似的客户聚到一起，研究其共性需求，优先针对价值高的客户群开发产品。图 4-13 就描述了两个客户群各自的共性需求。

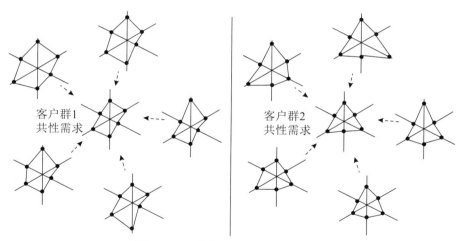

图 4-13 两个客户群各自的共性需求

另外，由于企业资源有限，不可能同时开发多款产品并推向市场，所以要找到一个能够站住脚的细分市场（即利基市场），以此为依据逐步向其他细分市场渗透，这样能提高产品开发成功率，降低投资风险。

基于以上两方面原因，我们需要进行市场细分选择。市场细分选择是将市场按客户需求相似度划分为多个细分市场，评估各细分市场的规模、增长率、竞争情况，并结合企业自身资源情况，选择发展前景好且可建立竞争优势的市场作为目标细分市场。

举个简单例子，笔记本电脑市场非常大，有面向大学生的三四千元入门产品，有面向职场人群的五六千元中端产品，有面向开发工程师和设计师的万元左右中高端产品，有面向游戏发烧友的两万元以上高端产品，还有面向户外作业人员的三防产品。如果一家企业想进入笔记本电脑市场，就要把某一类笔记本产品作为切入点，由此开始做起。

需要注意的是，市场细分过程是一个不断反复、不断优化的过程，市场细分没有做得最好，只有做得更好，每做完一次市场细分，就要评估市场细分结果是否足够合理，如果不够合理就要继续调整、优化。市场细分如何才算做得好？可用麦子法则（MADS）来评估市场细分结果，每个细分市场应满足以下四点。

① **可衡量（Measurable）**：细分市场规模应该是可衡量的。有些企业要求细分市场规模至少达到某个门槛（如五千万元），如果细分市场规模太小，可以合并到其他细分市场，或干脆放弃。

② **可实现（Attainable）**：第一，可以触达这个细分市场；第二，有能力为这个细分市场提供可满足其需求的产品和服务。

③ **可区分（Differentiable）**：面向每个细分市场的营销策略应该不一样，若两个细分市场对同一个营销活动反应相同，说明市场细分结果不够合理，需要优化。

④ **可获利（Substantial）**：细分市场要给企业带来商业回报，并且收入和利润可预测。细分市场的利润率应满足公司要求，企业应放弃难以盈利的细分市场。

以上介绍了市场细分选择的概念和判断市场细分结果合理性的依据，下面结合案例介绍实际操作，共包含四步。

（1）确定市场细分维度

To B 产品的市场细分维度与企业、业务领域、业务场景有很强的相关性，确定市场细分维度时要充分进行思维碰撞，尽可能列举可用来进行市场细分的维度。

回到校招业务案例，产品规划立项团队通过头脑风暴列举了很多市场细分维度，然后对每个细分维度进行交流、研讨，最后确定了合适的细分维度，如表 4-3 所示。

表 4-3　校招市场细分维度示例

序号	候选市场细分维度（维度项：纬度值）	选择
1	企业性质：央企、国企、民企、非营利组织	
2	企业规模：特大型、大型、中型、小型、微型	
3	企业所在地区：全国性、"京津冀""长三角""珠三角"、长江中游地区、川渝地区、东北地区、西北地区、西南地区等	
4	企业所在行业：研究院所、互联网、新能源、制造业、生物医药、零售连锁、餐饮连锁、物流储运、对外贸易等	
5	企业美誉度：高、中、低	
6	企业组织形式：职能型、项目型、矩阵型	
7	用工形式：正式员工、劳务派遣、劳务外包	
8	校招人数：<100 人、100～500 人、500～1000 人、>1000 人	√
9	校招项目预算：<5 万、5 万～10 万、10 万～30 万、30 万～50 万、50 万～100 万、>100 万	√
10	校招目标院校类型："985 工程""211 工程""双一流"、综合类、理工类、财经类、政法类、医科类、农林类等	√
11	校招岗位类型：软件开发类、机电设计类、集成电路设计类、电话销售类、售后服务类、产品设计类、产品运营类等	√
12	校招业务场景：校园宣讲、在线宣讲、校招门户、在线网申、员工内推、简历库、在线测评、笔面试、offer 管理、职前培训、部门培养、转正述职	√
13	校招入职员工平均留任时间：<1 年、1～2 年、3～5 年、5～10 年、>10 年	
14	校招系统建设方式：集团统一采购、集团统一自研、公司自行采购、公司自研	√
15	校招系统集成复杂度：无系统集成需求、与 1～2 个系统集成、与 3～5 个系统集成、与 5 个以上系统集成	√

如果对表 4-3 的市场细分维度的重要度进行排序，从高到低是：校招项目预算＞校招人数＞校招业务场景＞校招岗位类型＞校招目标院校类型＞校招系统建设方式＞校招系统集成复杂度。

（2）确定市场细分结果

确定市场细分结果是使用选择的市场细分维度对市场进行细分，并评估市场细分结果的合理性，不断调整、优化，直到将市场划分为 5 ～ 10 个细分市场的过程。

产品规划立项团队结合市场情报和相关数据，利用表 4-3 中的维度对校招市场进行了细分，细分结果如表 4-4 所示。

表 4-4　校招市场细分结果

序号	细分市场名称	细分市场特征描述
细分市场 1	重视雇主品牌形象的大型集团性企业	• 该细分市场的客户有 500 家左右 • 校招人数多，大于 1 万人 • 校招项目预算高，大于 100 万元 • 校园活动规模大，大于 30 场 • 集团统一建设校园招聘门户，统一设计招聘流程，下属公司直接应用 • 企业招聘流程自成一体且固化，校招系统个性化强、定制化程度高 • 采购流程复杂，采购周期长
细分市场 2	业绩突飞猛进、重视高质量人才引进的新兴企业	• 该细分市场的客户有 3000 家左右 • 校招人数为两三千人 • 校招项目预算为 50 万～ 100 万元 • 校园活动 10 ～ 30 场 • 重视人才质量，重视人才测评 • 企业招聘流程经常迭代优化，校招系统定制化程度中等 • 采购流程简单，采购周期短
细分市场 3	发展平稳、有一定知名度、已形成校招习惯的传统企业	• 该细分市场的客户有 20000 家左右 • 校招人数为几百人 • 校招项目预算为 30 万～ 50 万元 • 校园活动低于 10 场 • 企业形成初级的招聘流程，校招系统定制化程度低
细分市场 4	事业处于上升期、希望提升人才质量的成长型企业	• 该细分市场的客户有 100000 家左右 • 校招人数为一百人左右 • 校招项目预算为 10 万～ 30 万元 • 采用线上形式宣传推广，不开展校园活动 • 企业没有招聘流程，对校招系统持开放态度，无定制需求
细分市场 5	知名度低、人员流动大、预算紧张、只采用在线招聘方式的中小企业	• 该细分市场的客户有 500000 家以上 • 对校招人数无特定限制 • 校招项目预算为 10 万元 • 没有宣传推广需求，只采用在线招聘方式，只对简历数量感兴趣 • 工作内容枯燥，薪资待遇低，校招员工频繁跳槽

分析过程可采用定性分析的方法，也可采用定量分析的方法，或二者相互结合，市场上有很多相关书籍，此处不再赘述。

另外，表4-4中每个细分市场都有自己的优缺点，到底要进入哪个细分市场呢？接下来要详细评估每个细分市场，找出对我们最有利的细分市场。

（3）综合评估每个细分市场

综合评估每个细分市场是结合业务战略，分析各个细分市场未来三年的发展趋势，以便做出选择。

评估细分市场的维度有两类，一类是市场吸引力，描述细分市场未来三年可达到的规模和增长率；另一类是公司竞争力，描述企业未来三年可在市场上建立的竞争优势。此处也是定性分析与定量分析相结合，用定量分析结果来印证定性分析结论的合理性。

表4-5列出了常见的市场吸引力和公司竞争力评价维度，企业可根据自身情况进行选择。

表4-5　常见的市场吸引力和公司竞争力评价维度

常见的市场吸引力评价维度	常见的公司竞争力评价维度
• 市场规模 • 市场增长率 • 盈利水平 • 行业集中度 • 竞争强度 • 客户议价能力 • 供应商议价能力	• 品牌知名度 • 产品创新性 • 产品价格 • 交付效率 • 补充者数量 • 与外部产品集成的能力 • 产品被替代的可能性

确定评价维度之后就要对各个细分市场进行打分，建议使用"上下印证法"，"上"是利用行业研究报告对未来市场趋势进行研判（宏观），"下"是产品规划立项团队利用调研数据对市场未来变化进行评估（微观）。若二者一致，则表明对细分市场的评估是合理的。

回到校招业务案例，产品规划立项团队对表4-4中"细分市场2"的评价过程如图4-14所示。左侧两个表格是团队选择的市场吸引力和公司竞争力评价维度，利用这些维度对该细分市场进行逐项打分，随后对分值进行加权处理得出综合分值，然后根据市场吸引力和公司竞争力两个维度的综合分值在右侧SPAN矩阵中画一个圆形，圆形大小代表市场规模，规模越大圆形越大，市场吸引力和公司竞争力的分值则决定了圆形在矩阵中的坐标位置。

- 三年后细分市场2的规模：30亿元
- 三年后细分市场2的市场吸引力评分

评价维度	权重/%	细分市场2	
		分值	合计
盈利水平	20	9	1.8
市场增长率	30	8	2.4
市场规模	30	5	1.5
行业集中度	20	8	1.6
合计	100		7.3

- 三年后我司在细分市场2的竞争力评分

评价维度	权重/%	细分市场2	
		我司	
		分值	合计
产品创新性	40	8	3.2
交付效率	20	8	1.6
产品价格	20	8	1.6
品牌知名度	20	4	0.8
合计	100		7.2

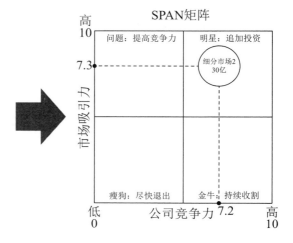

图 4-14　对校招业务细分市场 2 的评价过程

SPAN 矩阵是一个常用的二维分析工具，它共有四个象限。"明星"象限，市场占有率和市场增长率都高，对此应采取的策略是追加投资；"金牛"象限，公司竞争力高、市场吸引力低，说明市场已饱和，对此应采取的策略是持续收割；"瘦狗"象限，市场占有率和市场增长率都低，说明市场开始衰退，对此应采取的策略是尽快退出；"问题"象限并不是指产品或服务有问题，而是具备很多不确定性，对此应采取的策略是提高竞争力。

产品规划立项团队利用以上方法对表 4-4 所有细分市场进行打分，得到表 4-6。

表 4-6　校招所有细分市场打分结果

细分市场	市场规模 / 亿元	市场吸引力	公司竞争力
细分市场 1	15	4.0	4.8
细分市场 2	30	7.3	7.2
细分市场 3	50	5.1	6.7
细分市场 4	35	7.0	4.2
细分市场 5	20	3.0	3.0

最后将所有细分市场画到 SPAN 矩阵中，得到的结果如图 4-15 所示。

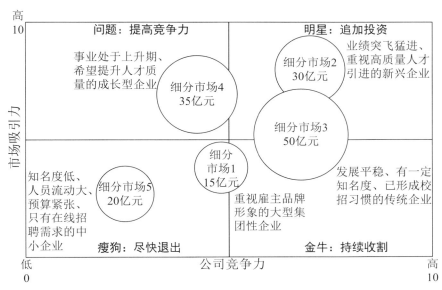

图 4-15 校招业务所有细分市场的 SPAN 矩阵

（4）选择目标细分市场

选择目标细分市场是根据对所有细分市场的评估结果做出决策，决定要进入哪些细分市场，以及先进入哪个细分市场、后进入哪个细分市场。

在选择目标细分市场时要回顾业务战略的要求，校招业务战略的业务设计是："选择那些每年有校招需求、校招项目预算充足、受到广大学生青睐、具有良好雇主口碑、形成了基本招聘流程、能接受新兴事物、愿与我们共同打造校招产品的企业客户。从业务范围上，围绕客户的校招项目打造产品，满足校招项目执行人员、面试官、职前培训人员、用人部门主管等核心用户的需求。"要实现此目标就要瞄准管理先进的企业客户，才能打造出强大灵活的产品。

回头看图 4-15，显然细分市场 2 最符合这些要求，该市场的客户业绩蒸蒸日上，管理理念先进，执行力强，能以终为始不断优化招聘流程，对数字化产品和系统要求高，很接近理想目标客户画像。相反，细分市场 1 和 5 就不符合要求：在细分市场 1 中虽然客户的校招预算高，但客户定制化程度太高，不利于形成标准产品服务；而细分市场 5 则是低质量客户，不在乎产品好不好用，只追求拿到大批简历赶紧安排人员面试入职，以维持业务运转，这样不利于产品发展。

所以，产品规划立项团队最终选择细分市场 2、3、4 作为目标细分市场，在进入顺序上，则是细分市场 2、细分市场 3、细分市场 4，先针对细分市场 2 打造出产品，再进入细分市场 3、细分市场 4 时就相对容易。校招业务目标细分市场及演进路径如图 4-16 所示，其中灰色圆圈是目标细分市场，并给出了市场演进路径和里程碑时间。

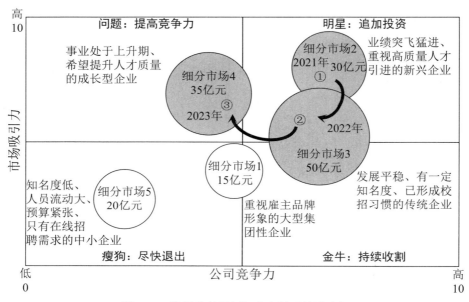

图 4-16 校招业务目标细分市场及演进路径

4.5 产品组合策略制定

产品组合策略制定是针对所选择的目标细分市场，确定面向每个细分市场推出什么产品服务，即产品组合策略。

校招业务案例中，产品规划立项团队一共选择了三个目标细分市场，并针对这三个细分市场进行交流、研讨，确定了产品组合策略，如表 4-7 所示。

表 4-7　校招业务产品组合策略

目标细分市场	提供的产品服务
细分市场 2	① 产品命名: "超棒校招产品旗舰版" ② 产品开发策略: 结合企业诉求打造产品和服务,侧重于提供灵活性高、功能强大的解决方案,与客户一起发展壮大。 ③ 产品业务范围: a. 企业端数字化系统 a)校招项目人员工作台:满足校招项目人员预算管理、空间管理、项目管理、集成管理、角色权限管理、项目组成员管理、任务管理、工作流定义、校招岗位管理、面试官管理、招聘渠道管理、简历管理、笔面试管理、测评管理、offer 及三方协议管理、职前培训管理、部门培养管理、转正述职管理等需求,提供校招 AI 小助手、项目仪表盘等协助提效。 b)校招面试官工作台:满足面试官查看面试安排、查看候选人笔试结果、查看候选人测评结果、准备面试题目、记录面试过程、反馈面试结果等需求,提供面试 AI 小助手协助提效。 b. 校园活动服务 满足校园活动人员的目标院校及干系人管理、广告推广管理、线上活动平台管理、线下活动场地管理、粉丝管理、活动日程管理、宣讲会活动管理、招聘会活动管理、活动素材管理、活动预热推送、会前报名管理、活动签到管理、活动奖品及发放管理等需求,提供校园活动 AI 小助手、校园活动仪表盘等协助提效。 c. 学生端数字化系统 a)大学生求职中心:满足大学毕业生查看企业门户、查看校园活动、搜索职位、在线网申、笔面试、测评、offer 管理、职前培训、积分等需求,提供求职 AI 小助手协助提效。 b)校园大使工作台:满足校园大使的任务管理、进展管理等需求,提供校园大使 AI 小助手协助提效。 ④ 产品定价策略: 企业端数字化系统服务 50 万起,校园活动服务 5 万 / 场起,学生端系统免费。 ⑤ 产品营销策略: 第一年产品开发团队与市场代表一起确定目标客户,完成五家客户项目交付,验证商业模式。第二年启动规模化推广,各分公司销售团队、产品研发团队提供支持
细分市场 3	① 产品命名: "超棒校招产品专业版" ② 产品开发策略: 在上述产品基础上进行简化,提高易用性,赋能企业规范流程、提高效率。 ③ 产品业务范围: a. 企业端数字化系统

目标细分市场	提供的产品服务
细分市场 3	a）校招项目人员工作台：简化以下产品功能，其他与细分市场 2 相同 i 集成管理：提供集成插件（减少定制）。 ii 角色权限管理：提供预定义模板（无须定制）。 iii 工作流定义：提供预定义模板（无须定制）。 iv 招聘渠道管理：提供预定义渠道（无须定制）。 v 职前培训：不提供。 vi 部门培养：不提供。 vii 转正述职：不提供。 b）校招面试官工作台：与细分市场 2 相同。 b. 校园活动服务 与细分市场 2 相同。 c. 学生端数字化系统 与细分市场 2 相同。 ④ 产品定价策略： 企业端数字化系统服务 25 万起，校园活动服务 3 万 / 场起，学生端免费。 ⑤ 产品营销策略： 第一年产品开发团队与标杆分公司完成五家客户项目交付，当年启动规模化推广，产品开发团队提供支持
细分市场 4	① 产品命名： "超棒校招产品普惠版" ② 产品开发策略： 在上述产品基础上继续简化，聚焦线上招聘。 ③ 产品业务范围： a. 企业端数字化系统 a）校招项目人员工作台：简化以下产品功能，其他与细分市场 2 相同 i 集成管理：不提供。 ii 角色权限管理：仅提供一套标准模板。 iii 工作流定义：仅提供一套标准模板。 iv 招聘渠道管理：提供预定义渠道。 v 职前培训：不提供。 vi 部门培养：不提供。 vii 转正述职：不提供。 b）校招面试官工作台：与细分市场 2 相同。 b. 校园活动服务 不提供。 c. 学生端数字化系统

目标细分市场	提供的产品服务
细分市场 4	与细分市场 2 相同。 ④ 产品定价策略： 企业端数字化系统服务 15 万起，学生端免费。 ⑤ 产品营销策略： 第一年标杆分公司完成五家客户项目交付，当年启动规模化推广

根据表 4-7，产品规划立项团队为每个细分市场分别制定了一套策略，包括产品命名、产品开发策略、业务范围、定价策略、营销策略等，各细分市场客户需求不同，因此策略也有所不同。例如"工作流定义"一项，在细分市场 2 中，要与客户一起不断优化招聘流程，打造灵活强大的工作流引擎；在细分市场 3 中，要帮客户提高效率，提供几个预定义工作流模板供客户选择；到了细分市场 4，仅内嵌一套标准模板，让客户使用最常用的流程即可。有产品经验的读者能看出这是一个典型的紧贴先进客户孵化产品然后不断降级的路径。

至此，产品规划立项团队完成了产品规划立项流程的第一组活动即产品组合策略制定，接下来开展第二组活动——面向细分市场 2 进行超棒校招产品旗舰版产品的定义。

4.6 客户业务场景研究与痛点分析

本章从此节开始进行单个产品的定义，客户业务场景研究与痛点分析是针对目标细分市场的典型客户开展调研，深入分析客户的业务开展过程，摸清每一个业务环节，明确客户（包含用户）的痛点和需求，判断解决哪些痛点能为客户带来最大价值，为产品方案设计奠定基础。痛点是用户因某些任务难度大或耗时长而感受到痛苦的事实，需求是用户希望解决痛点的主观愿望，二者是同一事物的两面。

校招业务案例中，产品规划立项团队请市场代表根据表 4-4 中细分市场 2 的特征描述，通过与各分公司联系找到了三个典型客户，暂且称为天使客户 1、天使客户 2、天使客户 3。这三家企业都有很强的校招需求，最近几年进行了多种多样的校招实践，尝试过很多数字化解决方案，甚至自研了一些数字化工具，是理想的目标客户。团队成员一起讨论制定了调研提纲，兵分三路分别与每个客户的校招项目负责人进行了深入交流，几天后三路人马分别整理形成了客户调研结论，其中天使客户 1 的业务场景分析报告见表 4-8。

表 4-8   天使客户 1 校招项目业务场景分析报告

序号	业务场景	输入	输出	主责人	参与人	痛点及需求	需求编号
1	收集校招需求	各部门提交的校招需求，包括专业、人数、工作岗位、能力要求等	整理信息，形成校招需求登记表	人力资源部校招项目负责人	各部门主管	**痛点**：无法在线协同，只能碎片化收集 **需求**：希望有数字化系统支撑	req-1
2	确定校招需求	所有用人部门提交的校招需求登记表	××××年度秋季校招需求汇总表，包括用人部门、招聘专业、招聘人数、工作岗位、能力要求、目标院校与专业建议等	人力资源部校招项目负责人	主管人力资源的副总	**痛点**：难以快速确定目标院校和专业 **需求**：利用历年校招数据和大学生绩效数据进行挖掘	req-2
3	确定校招实施方案	经过审批的校招需求	××××年度秋季校招实施方案，包括人才需求计划、校招流程、校招方案（目标城市、目标院校和专业、官网宣传、招聘平台、校园宣讲会及双选会、校园大使等）、实施计划（启动时间、关键里程碑时间、完成时间）、组织保障（校招项目组成员、面试官）等	人力资源部校招项目负责人	主管人力资源的副总	**痛点**：岗位序列不同（如技术序列、营销序列），校招流程也不同（如技术序列需要笔试），需分别写方案再合并到一起，协同难，耗时长 **需求**：根据历年各序列习惯形成固定模板，团队成员一起协同编制	req-3

序号	业务场景	输入	输出	主责人	参与人	痛点及需求	需求编号
4	确定校招项目预算	① 经过审批的校招实施方案 ② 历年校招费用数据	校招费用预算，包含营销推广、招聘平台账号、差旅住宿、场地租赁、设备租赁、活动奖品、招待等费用	人力资源部校招项目负责人	主管人力资源的副总	**痛点**：可参考数据少，导致做预算的周期长 **需求**：利用互联网收集各种报价信息作为参考	req-4
5	召开校招项目启动会	① 经过审批的校招实施方案 ② 经过审批的校招项目预算	校招项目负责人召集所有项目组成员，介绍本次校招项目的方案和实施计划，会后形成会议纪要	人力资源部校招项目负责人	校招项目组所有成员	暂无	
6	确定面试官	校招实施方案中的面试官筛选方案	联系每位符合筛选条件的面试官，确认可用面试时间段，进行登记备案	校招项目组面试官联络人	候选面试官	**痛点**：面试官很多，日程协调难度大 **需求**：希望能有数字化系统支撑	req-5

受篇幅所限，表4-8中未列出全部内容，"痛点及需求"一列描述了业务场景中客户的痛点和需求，"需求编号"对客户需求设置了一个编号，其中"req"是request（需求）一词的缩写。

表4-8以文字为主，详细但不直观，为了简明扼要地描述客户的业务场景和痛点，团队将其整理成泳道图，其中天使客户1的校招项目过程泳道图见图4-17。图中左侧一列是参与校招项目的人员角色，泳道图中黑色框是关键活动，箭头将一个个关键活动连接起来，从用人部门提交用人需求开始，到大学毕业生入职报到结束，其中灰色框即是各用户的痛点。

完成上述成果后，团队将三家客户的校招项目过程进行了分析对比，发现有70%是相同的：目标、策略相同，方案、组织方式大致相同。但也有30%是不同的：以邀请面试官为例，天使客户1在5月份就联系面试官，但7月份才开始组织面试，导致很多面试官忘了这回事，日程已被日常工作占满，面试时间协调

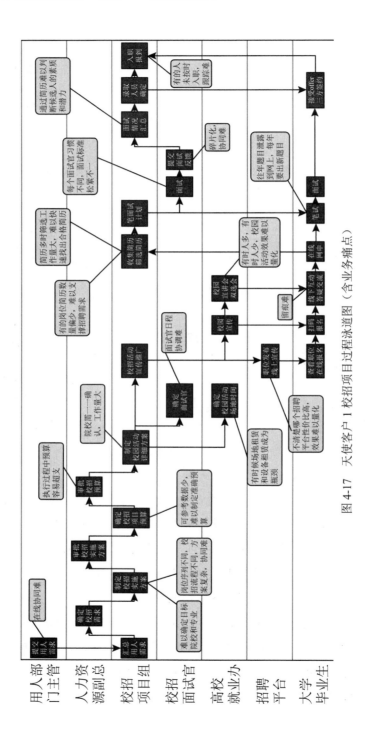

图 4-17 天使客户 1 校招项目过程泳道图（含业务痛点）

困难；天使客户 2 则在收集简历的同时联系面试官，间隔两周左右即开始组织面试，面试时间容易协调；天使客户 3 最成熟，已在历年校招项目中形成了相对固定的面试官资源池，每年校招项目启动后项目组即向资源池中的面试官发出邀请，各面试官确认是否报名参加，项目组根据报名情况拓展新的面试官并组织培训以确保面试标准一致，并在校招完成后向面试官发放奖品，因此面试官积极性高。

团队对三家天使客户的业务需求进行了提炼和总结，如表 4-9 所示（此处只展示了部分内容）。

表 4-9　三个天使客户的业务需求总结

需求编号	业务场景	业务需求	价值指数	可行的解决方案
req-5	确定面试官	快捷确定面试官及其日程	★★★☆☆	① 建立各岗位序列的面试官资源池； ② 向资源池中的面试官发送邀请，确认其意向及可用时间段
req-35	组织面试	统一各面试官的面试标准	★★★★☆	① 按岗位序列确定面试标准； ② 组织面试官参加统一培训，面试时采用结构化面试方法
req-58	项目人员激励	提升面试官的积极性	★★☆☆☆	① 将校招面试场次、数量纳入岗位考核要求； ② 校招结束后向面试官发放纪念品和奖品； ③ 在面试官个人档案中增加荣誉证章

表 4-9 内容很多，此处仅列出了面试官相关的业务需求，在"价值指数"一列，团队对此条需求的价值进行了评价，指数越高对客户帮助越大，将来产品越受客户欢迎；在"可行的解决方案"一列，团队通过头脑风暴给出了解决办法，这个解决办法可能不是最优的，后面在设计理想业务场景时还会进行全面系统思考。

另外，调研过程中三家企业的校招负责人对当前校招项目实施过程都有不满意之处，他们感觉超棒人才在招聘领域非常专业，愿意请超棒人才帮助进行整体流程的设计和改进。看到客户开放的态度，产品规划立项团队相信与这些客户开展合作定能打造出优秀的产品服务。

综上，客户业务场景研究与痛点分析是开展产品定义活动的基石，产品规划立项团队一定要极其重视。只有挖掘出足够多的业务痛点，企业才能根据客户诉求找出可行的解决方案，推出的产品、服务才有生命力和竞争力。

4.7 主要竞品分析

以上研究了客户业务及其痛点，接下来看看市场竞品情况，评估我们有没有机会取胜。"主要竞品分析"是找出市场份额高、客户口碑好的标杆竞品，分析其优势与不足，思考我们应该做哪些提升和改进。

在第三章校招业务战略制定过程中，校招业务筹备组找到了三个典型的竞争者（表 3-4），此时产品规划立项团队结合细分市场 2 的客户需求特点对这三个竞争者重新进行了审视，决定将竞争者 A 的产品、竞争者 C 的产品作为主要竞品进行分析。在竞品分析的过程中，邀请天使客户代表参加，按照业务场景和业务需求逐项对各竞品进行打分，最终得出各竞品综合分值，结果如表 4-10 所示（此处只展示了部分内容），其中最后一列"我方提出的可行方案"即来自表 4-9 中的"可行的解决方案"。

表 4-10　校招业务主要竞品分析

需求编号	业务场景	业务需求	竞争者 A 的产品	竞争者 C 的产品	我方提出的可行方案
	略				
req-5	确定面试官	快捷确定面试官及其日程	6 分 （用 Excel 收集面试官意向并录入系统）	2 分 （不管过程，只录入结果）	9 分 （面试官资源池＋邀请函确认）
req-35	组织面试	统一各面试官的面试标准	7 分 （开展面试官培训）	5 分 （提供面试题库）	8 分 （面试官培训＋结构化面试题库）

需求编号	业务场景	业务需求	竞争者 A 的产品	竞争者 C 的产品	我方提出的可行方案
req-58	项目人员激励	提升面试官积极性	6 分 （发送感谢信）	0 分 （不支持）	8 分 （企业考核＋奖品＋荣誉证章）
	略				
合计			76 分	62 分	88 分

根据表 4-10，竞争者 C 的产品得分仅为 62 分，基本不关注面试官的选择及培训这些线下执行环节，这符合竞争者 C 将校招产品视为防御性业务的策略；竞争者 A 的产品得到 76 分，能较好满足客户需求，但在某些方面仍有差距，那些要求高的客户将不得不自己投入一些精力；而超棒人才校招业务产品规划立项团队在分析客户痛点过程中形成的可行解决方案得分高达 88 分，得到了天使客户代表的赞同，他们认为这些方案对提高校招效果很有帮助。

4.8　理想业务场景设计

理想业务场景设计是根据客户当前业务痛点分析成果和主要竞品分析结论，设计理想业务场景，即理想情况下客户业务应如何开展。

回顾 4.6 这一节，校招业务产品规划立项团队发现三家天使客户有 30% 的差异，通过分析这些差异背后的根因发现，虽然客户目标、策略相同，但各校招项目组经验、资源投入、管理精细度不同，导致设计的流程、采用的手段自然不同，最终校招质量和效率必然有差异。

鉴于此，需要从更高维度梳理业务的关键成功要素，只要应用合理的关键成功要素，无论客户流程如何个性化，都能实现既定的目标。

据此，团队提出了大学毕业生招聘及培养的高阶方案，如图 4-18 所示。所谓高阶方案是从目标、方法、原则等更高层面分析业务之后形成的概要方案，在此层面达成共识再讨论具体实施方案，自然水到渠成。

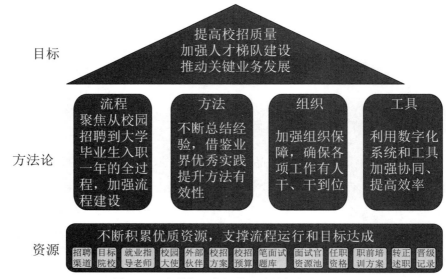

图 4-18   大学毕业生招聘及培养的高阶方案

图 4-18 在目标层面，将整个解决方案的目标定义为"提高校招质量，加强人才梯队建设，推动关键业务发展"，只做好校园招聘还不够，还要把大学毕业生培养好，使其在关键业务发展中发挥作用。在方法论层面，通过流程、方法、组织、工具来支撑目标的实现。在流程方面，要将管理范围从校招扩大到大学毕业生入职一年；在方法方面，要借鉴业界优秀实践；在组织方面，要把包括面试官在内的内部人力资源利用好；在工具方面，要建设配套的数字化系统以加强协同。在资源层面，要不断积累各种有效资源帮助流程、方法、组织、工具提高质量和效率，更多、快、好、省地实现目标。

基于高阶方案，产品规划立项团队提出了大学毕业生招聘及培养的理想业务流程，如图 4-19 所示。

图 4-19 与图 4-17 相比有一个显著变化，将"高校就业办"变成了"活动服务商"，与其要跟每家高校建立联系，不如引入专业的活动服务商作为业务的补充者，由他们完成整个校园活动服务，更加专业、高效。

根据图 4-19，整个流程从校招开始一直到大学毕业生入职满一年，比三家天使客户的现有流程多了职前培训、部门培养及转正述职等后续环节。大学毕业生入职到企业只是一个开始，后面还要看企业能否尽快将大学毕业生培养成一名能

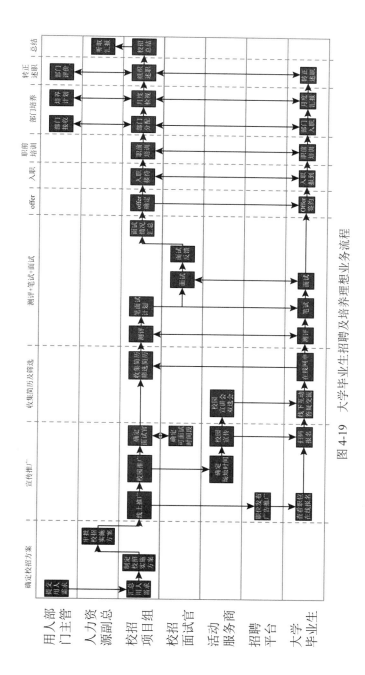

图 4-19　大学毕业生招聘及培养理想业务流程

胜任工作的合格员工，这也应是校招项目组关注的范围，这样才是完整的业务闭环。当然此流程不是一成不变的，企业可以在此基础上结合自己的实际情况灵活调整。

团队完成大学毕业生招聘及培养的高阶方案和理想业务场景后，通过三家天使客户的校招项目负责人分别与企业人力资源副总进行了交流，得到了三位副总的肯定，他们都认可校招只是第一步，后续要加强毕业生培养，这为后续的产品合作奠定了坚实的基础。

4.9　产品定义与商业模式设计

产品定义与商业模式设计是根据理想业务场景设计，思考哪些部分要孵化成产品，并完成产品的定义和商业模式的设计。需要注意的是，理想业务场景设计和产品定义与商业模式设计两步经常反复迭代、优化，有时到了第二步发现前面一步有考虑不周之处，又返回去修订、完善，这是正常现象。

（1）产品定义

产品定义是基于理想业务场景形成产品功能架构，即产品由哪些功能模块构成，以及每个模块的功能是什么。

在此强调一点，整个产品开发过程有两大难点，一个是市场细分选择，另一个是产品方案设计。市场细分选择做得好就能以较小的资源投入获得较大的商业回报，产品设计做得好就能通过灵活的产品方案满足客户的个性化需求。

回到案例，校招业务产品规划立项团队根据图 4-18 和图 4-19，完成了产品功能架构图，如图 4-20 所示。

图 4-20 中使用三角符号和圆圈符号对专业技术进行了标记。三角符号表示此项技术在公司中有相关沉淀，可以复用，但需要针对校招业务进行改进。圆圈符号表示建议此项技术委托外部技术服务商进行开发，可有效缩短开发周期。

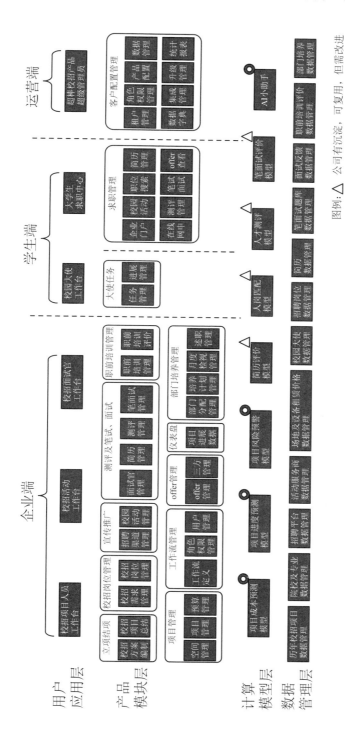

图 4-20　超棒校招产品旗舰版功能架构图

根据图 4-20，超棒人才的校招产品本质上是一个多租户 SaaS（Software as a Service，软件即服务）平台。自上而下分为四层：第一层——用户应用层，分为企业端、学生端和运营端三类，企业端用户包括校招项目人员、活动服务商、校招面试官，学生端用户分为求职者和校园大使，运营端用户则特指未来超棒人才校招业务部门中负责管理客户配置的人员；第二层——产品模块层，是支持每类用户完成工作任务的产品模块；第三层——计算模型层，是支持产品模块实现相应功能的各种规则和计算模型；第四层——数据管理层，则支持产品实现必要的数据管理。

完成产品功能架构图之后，团队按照自下而上的顺序将所有产品功能定义整理成一张表格，如表 4-11 所示。

表 4-11　超棒校招产品旗舰版产品功能定义

序号	名称	所属分层	描述
1	简历数据管理	数据管理层	① 基于系统默认模板，按需定义简历字段和数据类型； ② 存储简历数据，支持对存储空间设置预警； ③ 支持简历数据导入导出
2	简历评价模型	计算模型层	① 基于系统默认规则，按需定义简历质量评价模型； ② 对输入的简历进行评价，输出简历质量评价结果
3	（企业端）简历管理	产品模块层	① 可查看所有渠道（线上推广 / 校园推广）的应聘简历； ② 支持将简历及附件一键转换为标准格式简历； ③ 支持使用各种维度进行简历筛选； ④ 可展示来自简历质量评价模型的评价数据； ⑤ 支持给简历质量低的毕业生推送提醒； ⑥ 可展示来自人岗匹配模型的评价数据； ⑦ 支持将与某岗位匹配度高的简历转存到新文件夹
4	校招面试官工作台	用户应用层	① 包含功能： a. 查看面试安排，可定制提醒 b. 查看候选人简历 c. 查看候选人测评结果 d. 查看候选人笔试结果 e. 开展在线视频面试 f. 从面试题库选择面试题目 g. 在面试过程中打标签 h. 查看来自 AI 小助手的建议 i. 面试完成后提交面试反馈

续表

序号	名称	所属分层	描述
4	校招面试官工作台	用户应用层	② 适配终端： a. PC 端：各主流浏览器 b. 移动端：App、微信小程序 c. 协同办公平台：钉钉、企业微信、飞书插件 d. 大屏

表4-11的内容很多，此处只展示了与简历管理相关的部分。需要注意，表格内容不必过于详尽，只要能帮助团队就产品功能定义达成共识、帮助产品研发代表评估开发工作量即可。

（2）商业模式设计

商业模式设计是对产品的定价策略、营销策略、销售策略、交付策略、售后服务策略等要素进行深化设计。如果说"产品定义"是聚焦产研范畴，那么商业模式设计则是聚焦销售、服务范畴。

产品定价策略非常关键，产品好用并且定价合理自然就能"卖好"，所以业界一直有"产品定价定生死"的说法。市场中有三种常见的定价方法，企业可结合自身情况选用。

① **成本定价法**：在产品开发成本的基础上加上目标利润得到产品销售价格。这种方法的优点是可以获得稳定的利润，缺点是忽略了客户的价值感受，可能错失很多利润。

② **市场定价法**：根据市场需求和竞争情况确定产品销售价格。这种方法的优点是可以通过提高产品性价比扩大市场份额，缺点是成本上升时会挤压利润。

③ **价值定价法**：根据产品给客户带来的价值确定产品销售价格。这种方法的优点是可以获取远大于成本的利润，缺点是只适合市场头部产品。

产品营销策略是产品开发完成后如何将其推向市场，让客户感受到并认同产品的价值主张，从而营造一个"好卖"的氛围。To B 产品常见的营销方式有以下几种。

① **参加行业展会**：企业组织相关产品参加行业展会。

② **举办产品推介会**：企业将新产品组织到一起集中向客户推介。

③ **标杆客户案例分享会：** 市场团队将某产品的标杆客户组织到一起交流使用体验。

④ **线上线下媒体宣传：** 通过互联网、电视、报纸、杂志、地铁广告、公交广告等媒介进行宣传。

产品销售策略要对销售方法、销售工具包、销售渠道建设、销售人员激励等进行明确。

产品交付策略要对交付方法、实施工具包、交付成本核算等进行明确。

售后服务策略要对产品交付完成后如何快速响应客户需求进行明确。

校招业务案例中，产品规划立项团队——主要是产品负责人和市场代表，对校招业务的商业模式进行了交流、研讨，确定了初步的商业模式设计，如表 4-12 所示。

表 4-12　超棒校招产品旗舰版商业模式

商业模式要素	说明
产品定价策略	① 产品价格 50 万元 / 年（用户数量 300 个，视频面试 300 方❶，存储空间 3TB） ② 服务价格 校园活动（线下）5 万元 / 场起；校园活动（线上）3 万元 / 场起
产品营销策略	① 客户验证阶段 a. 产品价格不打折，用户数量可上浮至 500 个，视频面试可上浮至 500 方，存储空间可上浮至 5TB b. 服务按成本价收费 ② 规模化推广阶段 a. 促销价格：至多九五折 b. 营销渠道： ■ 线上营销为主：关键词搜索 + 各主流媒体 + 抖音 / 知乎 / 小红书 ■ 线下推广为辅：公司产品推介会 + 各地分公司开展市场活动
产品销售策略	① 客户验证阶段 由产品开发团队完成 5 家客户销售 ② 规模化推广阶段 a. 销售方法：根据客户验证阶段的实践进行总结 b. 销售工具包：客户验证阶段结束时提供（"一纸禅" + 幻灯片 + 视频） c. 销售渠道：各地分公司 d. 上架节奏：先一线城市，后二线城市；先沿海城市，后内地城市

❶　在视频相关的业务场景中，"方"通常指参与视频会议、视频面试等视频交互场景的一个端点。

商业模式要素	说明
产品交付策略	① 客户验证阶段 由产品开发团队完成 5 家客户交付，所有成本计入产品开发成本 ② 规模化推广阶段 a. 交付方法：根据客户验证阶段的实践进行总结 b. 实施工具包：客户验证阶段结束时提供 c. 交付成本：各分公司负责交付，产品改进部分的开发成本视为产品开发成本，客户定制部分的开发成本视为交付成本。各分公司招募活动服务商，活动服务商的费用待活动完成后结算，此项成本视为交付成本
售后服务策略	① 客户验证阶段 由产品开发团队负责 ② 规模化推广阶段 线上服务由呼叫中心负责，线下服务由各分公司负责

表 4-12 列出了超棒校招产品旗舰版的商业模式要素，可以看到客户验证阶段的任务全部由产品开发团队完成，到了规模化推广阶段再引入销售与服务组织。

4.10　投资回报测算

投资回报测算是根据产品管理模型，对产品开发各个阶段的投资和回报进行测算，以便产品委员会做出是否建议投资的决策。

需要注意的是，对于内部产品——支撑其他产品快速开发的通用技术组件或平台，它的作用不是带来收入，而是其他产品采用它之后开发工作量减少了，开发效率提高了。

这一步的主要工作内容是数据测算，产品规划立项团队中所有成员都要参加，以免数据有所遗漏。在校招业务案例中，产品负责人评估客户项目交付成本，产品研发代表评估产品研发成本，市场代表评估客户项目收入，财经代表对数据进行检查和汇总，最后形成了针对细分市场 2 的投资回报测算数据，如表 4-13 所示。

表 4-13　校招业务细分市场 2 投资回报测算数据

产品开发阶段	起止时间	成本 / 万元	客户数量 / 个	收入 / 万元	毛利 / 万元	毛利率
实验室	2021 年 2 月至 3 月	10				
产品研发	2021 年 3 月至 6 月	180			−215	
客户验证	2021 年 7 月至 12 月	275	5	250		
规模化推广	2022 年	2900	100	5000	2100	42%
规模化推广	2023 年	8500	500	25000	16500	66%

表 4-13 是投资回报测算汇总数据，对于每个阶段的详细数据，团队成员都进行了深入讨论，表 4-14 是产品研发阶段的成本测算数据。

表 4-14　产品研发阶段成本测算数据

成本分类	成本测算 / 万元
人员费	146
办公费	7
差旅费	5
技术服务费	22
合计	180

成本测算过程比较复杂，根据财经代表的建议进行拆解即可。一般来讲产品开发过程各阶段的成本有以下几类。

① **业务调研费用**：差旅费、会议费、图书费、外请专家报酬等。

② **产研人员投入**：产研人员的工资、社保，办公费用等。

③ **研发资源投入**：设备购置费、材料费、试验费、软件购置费、技术服务费、数据服务费、专利与知识产权申请费、委托研发费等。

④ **客户项目交付费用**：项目交付人员的工资、社保，办公费用等。

⑤ **营销成本**：市场活动费用、销售提成、销售人员激励费用等。

⑥ **管理费用**：事业部应向公司上交的各项管理费用。

本书第三章在业务战略制定过程中进行了校招业务的财务预测（表 3-10），表 4-13 的投资回报测算数据与表 3-10 的财务预测数据相比发生了明显变化，因为产品规划过程对市场进行了细分、选择，所以表 3-10 的数据相对粗糙，

表 4-13 的数据更为精细。

4.11 组织架构设置

产品立项评审时,产品规划立项团队要对产品开发团队的组织架构设置提出建议,具体设置如表 4-15 所示。带"*"角色为核心成员,产品规划立项团队的产品负责人、业务专家、产品研发代表完成产品立项后继续参与产品开发过程,确保产品规划与开发的延续性。

表 4-15 组织架构设置

部门	角色	姓名	工作内容	备注
产品开发部	产品负责人 *			
	需求主管 *			
	需求分析师			
	视觉交互设计师			
	产品研发负责人 *			
	产品研发工程师 1			
	产品研发工程师 2			
	测试工程师			

表 4-15 是对第三章业务战略中组织架构设置(表 3-11)的进一步细化,此处只列出了产品开发部的部分角色,全部可选角色详见第八章。

4.12 产品开发计划制订

产品立项评审时,产品规划立项团队要向产品委员会说明产品开发计划,由于产品主要通过实验室、产品研发、客户验证三个阶段完成研发,所以只需列出这三个阶段的开发计划。到规模化阶段产品自身实现盈利,产品开发风险就会减少很多，由业务单元根据市场需求制订产品迭代优化计划即可。

回到案例，超棒校招产品旗舰版的产品开发计划如表 4-16 所示。

表 4-16　超棒校招产品旗舰版产品开发计划

产品开发阶段	起止时间	关键里程碑及交付物
实验室	2021 年 2 月至 3 月	2021 年 2 月 24 日：完成产品概要设计 2021 年 3 月 10 日：形成技术验证报告
产品研发	2021 年 3 月至 6 月	2021 年 3 月 31 日：完成产品详细设计 2021 年 5 月 31 日：完成核心产品模块研发（校招项目人员工作台、面试官工作台、校园活动工作台） 2021 年 6 月 15 日：完成系统联调测试 2021 年 6 月 30 日：形成产品可用性报告
客户验证	2021 年 7 月至 12 月	2021 年 7 月 11 日：完成其他产品模块研发（大学生求职中心、校园大使工作台） 2021 年 7 月 15 日：完成与外部技术服务商研发成果的联调测试 2021 年 7 月 20 日：完成 5 家客户合同签订，启动项目交付 2021 年 11 月 30 日：完成知识产权与专利申请 2021 年 12 月 20 日：完成 5 家客户项目结项 2021 年 12 月 31 日：形成客户验证总结报告

通过表 4-16 可以看到在产品研发阶段和客户验证阶段都安排了一定的产品研发任务，产品研发阶段完成核心产品模块的研发，客户验证阶段完成其他产品模块的开发，这符合精益敏捷思想。

另外，有些技术要交给内部专业技术团队开发，有些技术要委托外部技术服务商开发，所以要对这部分内容进行细化。专业技术内外部研发伙伴的建议如表 4-17 所示。

表 4-17　专业技术内外部研发伙伴的建议

专业技术	研发伙伴建议
• 简历评价模型 • 人岗匹配模型 • 人才测评模型 • 笔面试评价模型	**内部技术开发：** 这些技术是我司核心技术，有较长时间的积累，现需要针对校招业务进行改进，请通用技术开发部提供支持

续表

专业技术	研发伙伴建议
· 项目成本预测模型 · 项目进度预测模型 · 项目风险预警模型 · AI 小助手	**委托外部技术服务商开发：** 这些技术均与客户交付项目数据强相关，重要但不够核心，建议委托外部技术服务商 ×× 开发

在产品立项评审环节，专家评委将对表 4-17 的建议进行讨论，决定是否启动相关内部技术开发工作，以及是否将某些技术开发委托给外部技术服务商。

4.13　产品立项评审

产品规划立项流程的最后一个动作就是进行产品立项评审。产品立项评审是产品规划立项团队带着产品规划报告向产品委员会进行汇报，由产品委员会做出是否进行投资的决策。

产品立项评审过程的组织和跟进由产品委员会的执行机构负责，该执行机构一般是产品管理部。一个产品的立项评审会议一般为一小时左右，先由产品负责人介绍产品规划报告，然后专家评委提问，产品规划立项团队答疑，最后专家评委进行商议，给出评审结论。评审结论有三种：第一种是"通过"，第二种是"不通过"，第三种是"修改后再审"。第三种结论意味着产品规划有需要改进之处，修改完善后再汇报。

校招业务产品规划通过立项评审后，在公司管理层面进行了以下操作。

（1）确定产品后续各个阶段决策评审时间点

超棒校招产品旗舰版的实验室阶段很短，仅有两周时间，因此不组织阶段决策评审会议，而是由产品开发团队将阶段报告以邮件方式发送给产品委员会，若无重大风险，则与产品研发阶段一起上会评审。超棒校招产品旗舰版一共有两个阶段决策评审点：2021 年 6 月 30 日产品研发阶段决策评审、2021 年 12 月 31 日客户验证阶段决策评审。为了防止产品开发过程中发生重大风险，产品委员会要求产品开发团队将各过程检查点的成果上传到产研项目管理系统，由产品管理部进行检查，发现风险及时向产品委员会报告。

（2）在产研项目管理系统中进行登记并启动开发

产品管理部人员根据评审结论，将该产品研发项目录入产研项目管理系统，包括产品规划信息、产品预算信息、阶段决策评审计划、过程检查点计划、产品开发团队信息、项目工时信息等。

（3）在财经管理系统中进行登记并分配财经编码

财经管理部根据评审结论，在财经管理系统中为该产品研发项目分配财经编码，并将实验室和产品研发两个阶段的预算一共 190 万元拨付给该产品研发项目。

（4）成立相关部门、发布任命并启动招聘

人力资源部门根据评审结论，更新公司组织架构，增加校招事业部，发布产品负责人和技术负责人的干部任命文件，根据岗位空缺情况发起内外部招聘。

所以，本章产品规划立项流程承接业务战略的要求，将产品规划出来，并推进到实质性开发阶段。

4.14　产品规划立项流程效果评价

产品规划立项流程一般仅持续一个月左右，参与人数仅十个人左右，产出物仅是一份产品规划报告。如何评价该流程运行效果呢？

这种规划类流程的目标是提高规划报告质量、争取一次通过评审，所以可根据评审过程中评委的意见和建议来评价产品规划报告质量的高低，具体评价要素如下。

① 收集的市场情报数量是否足够多，质量是否足够高。

② 收集的竞品情报数量是否足够多，质量是否足够高。

③ 对市场的细分和选择是否有资料和数据支撑，是否合理。

④ 产品定义和商业模式设计是否合理，与竞品相比是否有差异化优势。

⑤ 投资回报测算是否合理。

⑥ 产品开发计划是否合理。

因此，产品规划立项评审次数越多，专家评委经验越丰富，就能找出那些做得优秀的产品规划立项流程，挖掘其成功要素，推动产品规划立项流程不断改进。

2021 年初超棒人才产品委员会按 IPD 体系流程评审完所有产品的规划报告后，认为该流程引入了很多优秀的分析方法和工具，在深入研究客户共性需求的基础上进行市场的细分与选择，针对目标细分市场定义产品、设计商业模式，最后对投资回报进行测算，整个流程科学、系统、全面，可有效提升产品成功率。

第五章

产品开发流程

完成产品规划立项流程后即成功进入产品开发流程。产品开发流程是根据产品规划，分阶段完成产品开发，每个阶段按计划提交成果，通过产品委员会的阶段决策评审后获得下阶段预算，继续开展下阶段产品开发工作，直至产品上市推广。

注意"开发"一词的概念外延比较广，包括市场的开发、客户的开发、产品的开发、技术的开发、销售方法的开发、交付方法的开发等，为了避免混淆，本书在介绍产品和技术的实现过程时使用"研发"一词。

超棒人才的测评、培训、社招、校招四个业务单元都完成了产品规划立项，由于担心 IPD 产品开发流程与之前采用的产研管理方法差异太大，因此超棒人才产品委员会决定先在校招事业部进行产品开发流程试点，待确认其运行效果后再推广到其他事业部。

5.1　产品开发流程概览

产品管理模型中产品开发流程的位置如图 5-1 所示（虚线标记部分）。

进一步展开产品开发流程，可以看到流程内部的关键活动，如图 5-2 所示。

产品开发流程的关键要素如下。

① **流程的输入**：产品规划立项流程输出的产品规划报告。

② **流程关键活动**：产品开发流程分为实验室、产品研发、客户验证、规模化推广、产品退市五个阶段，本章主要聚焦前四个阶段，对产品退市流程仅做简单介绍。每个阶段结束时有阶段决策评审，每个关键活动结束时有过程检查点。设置过程检查点的目的是确保关键活动高质量开展，而非走走过场、草草了事，当然过程检查点是可以裁剪的，在将产品研发项目录入产研管理系统时需确定保留哪些过程检查点。

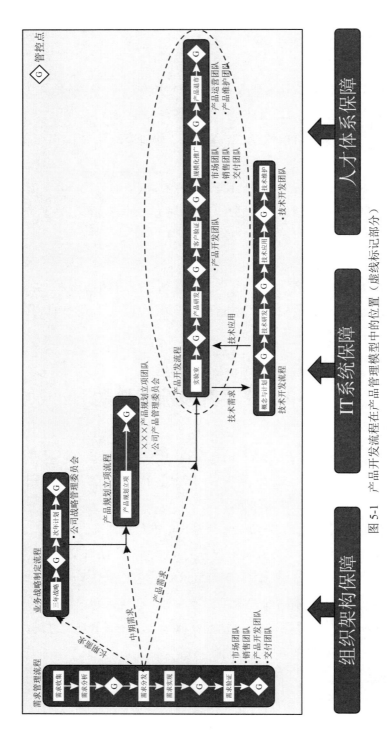

图 5-1　产品开发流程在产品管理模型中的位置（虚线标记部分）

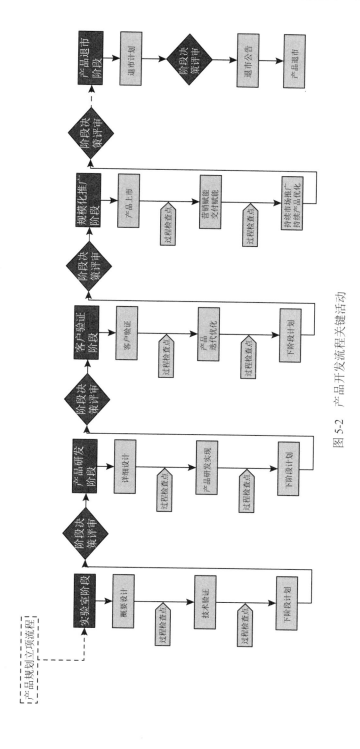

图 5-2　产品开发流程关键活动

③ **关键活动负责人**：产品成功立项之后组建产品开发团队（该部门是实体组织），建议产品规划立项团队的产品负责人、业务专家、产品研发代表、市场代表和财经代表等继续参与产品开发，确保产品规划与开发的延续性。对于需要技术开发团队配合完成的，邀请技术研发代表参与；对于需要外协技术团队配合完成的，邀请外协代表参与。产品开发流程实验室阶段、产品研发阶段、客户验证阶段的关键活动主要由产品开发团队负责，规模化推广阶段的活动由业务单元总经理负责。在过程检查点，业务单元组织相关专家对产品开发成果进行 TR 评审（技术评审，TR 全称为 Technical Review），评估交付物质量是否符合预期、是否需要整改。

④ **阶段决策评审负责人**：每个阶段结束时，产品开发团队向产品委员会汇报本阶段成果，进行 DCP 评审（决策评审，DCP 全称为 Decision Check Point）。

⑤ **流程的输出**：完成产品开发，产品上市推广。

另外需要注意的是，产品成熟度在整个产品开发过程中是不断提高的。产品成熟度的定义如表 5-1 所示。

表 5-1　产品成熟度定义

产品成熟度等级	产品成熟度描述
1	提出了产品概念、关键客户需求和理想应用场景
2	产品概念包含的技术关键点被论证可行
3	产品研发完成，关键功能通过测试和验证
4	产品价值在部分客户实际业务环境中通过试点验证
5	产品的营销、交付、服务方法在部分市场通过试点验证
6	产品应用成熟，营销、交付、服务方法成熟

接下来介绍产品开发流程每个阶段的关键活动。

5.2　实验室阶段

实验室阶段的目标是完成产品概要设计，识别技术关键点，通过技术验证评估所有技术关键点可否得到有效解决。技术关键点是为了使产品满足所有关键客户需求一定要实现的技术点。

实验室阶段有以下关键活动。

（1）产品概要设计及 TR 评审

产品概要设计是根据产品规划报告中的关键客户需求、理想业务流程和产品功能架构图，对产品进行全面的系统分析，输出概要设计文档，包括以下内容。

① 梳理所有用户角色，明确用户权限。

② 梳理所有业务对象和属性，进行数据建模。

③ 梳理每个业务对象的加工处理过程，定义产品功能。

④ 拆解产品模块，确定模块之间的接口。

⑤ 明确非功能需求，如容量需求、性能需求、安全需求、兼容性需求、可扩展需求等。

⑥ 确定客户实际应用后应评价的产品指标、计算方法及目标值。

⑦ 确定逻辑架构、开发架构、数据架构、运行架构、物理架构等架构。

⑧ 根据关键客户需求识别所有技术关键点，确定验证负责人。

以上内容由需求分析师和系统架构师合力完成，若能邀请天使客户代表参加则效果更好，形成产品概要设计文档后组织产品开发团队核心成员交流、研讨、完善，最后向业务单元的产品管理部申请组织 TR 评审。

在 TR 评审环节，业务单元的产品管理部人员组织三到五名本领域业务专家和技术专家参与评审，听取产品概要设计汇报。专家提出疑问，产品开发团队进行答疑，充分交流之后各专家给出意见，产品开发团队明确改进方案，最后所有人员在 TR 评审记录表上签字，会议组织者将产品概要设计文档及 TR 评审纪要上传至产研项目管理系统。

回到案例，校招产品开发团队在产品概要设计过程中识别出的技术关键点如表 5-2 所示。

表 5-2　超棒校招产品旗舰版的技术关键点

技术关键点	描述	影响程度	就绪度	验证责任方
简历评价模型	原本为社招业务开发，需针对校招业务进行改进	小	高	通用技术开发部

续表

技术关键点	描述	影响程度	就绪度	验证责任方
人岗匹配模型	原本为社招业务开发，需针对校招业务进行改进	中	中	通用技术开发部
人才测评模型	原本为企业员工测评开发，需针对校招业务进行改进	中	中	通用技术开发部
笔面试评价模型	原本为社招业务开发，需针对校招业务进行改进	小	高	通用技术开发部
项目成本预测模型	需要根据客户选择的服务内容精准预测项目成本	大	低	外部技术服务商
项目进度预测模型	需要根据项目实际进展及后续服务内容精准预测项目进度	大	低	外部技术服务商
项目风险预警模型	针对可能的项目风险，及时向相关用户发出预警	中	低	外部技术服务商
AI 小助手	为每个校招项目参与人员提供建议	中	中	外部技术服务商
工作流编辑器	实现用户自助编辑校招项目工作流程	大	低	产品开发部

表 5-2 中的"影响程度"表示若此技术关键点不能得到解决对业务的影响有多大，"就绪度"是指此技术距离可实际应用还有多远。表 5-2 中有些技术关键点已经在产品规划报告的产品功能架构图中体现，有些是产品开发团队在概要设计过程中的新发现。为了对各技术关键点开展评估，需要明确验证责任方，第 1至 5 项将由公司的通用技术开发部负责验证，第 6 至 8 项由外部技术服务商负责验证，因第 9 项仅在本产品中应用，故由产品开发部负责验证。

在 TR 评审环节，校招事业部找来三位业务专家和两位技术专家进行评审，专家们对产品概要设计的大部分内容表示肯定，但对于数据模型部分提出了一个建议——尽量采纳社招业务产品的已有成熟成果，这可有效减少校招产品研发工作量。产品开发团队接受了这个建议。

（2）技术验证及 TR 评审

技术验证是对上一步识别的技术关键点逐项进行验证，评估有无技术风险，如何解决问题，为下一步产品研发做好准备。

技术风险包括但不限于以下几种。

① 选择的技术路线不成熟，难以满足全部关键客户需求，或无法满足非功能需求。

② 选择开源技术框架时未评估知识产权条款，产品研发完成后被禁止用于商业用途。

③ 产品研发时未遵循已形成的行业标准规范，上市后不被客户接受。

④ 忽视知识产权与专利保护，产品上市后被仿造，难以追究仿造者责任。

⑤ 过度采集用户个人隐私数据，与有关法律法规相违背，产品被下架风险高。

为了规避以上技术风险，打造出满足客户需求、与竞品有明显差异且具备一定创新性的产品，一定要重视本环节。

校招业务案例中，表 5-2 中的三个技术验证责任方分别领取了各自的任务，评估各个技术关键点的实现难度和工作量，两周后给出了验证结论，如表 5-3 所示。

表 5-3　超棒校招产品旗舰版技术关键点验证结论

技术关键点	验证责任方	验证结论	研发工作量
人岗匹配模型	通用技术开发部	① 利用专业课程关键词、学生实习经历关键词，与岗位要求关键词进行相关性计算，给出评分；② 若有相关历史数据，可结合各专业毕业生在各岗位的工作胜任度，对上述评分进行校正	10 人天
项目成本预测模型	外部技术服务商	根据客户选择的各项校招活动服务的类型、场地、设备、时长、参与人数等要素，实时估算项目执行成本	20 人天
工作流编辑器	产品开发部	通过比选各种第三方开源插件，最终选择 ×× 来定制开发，可 100% 实现需求	15 人天

表 5-3 仅展示了部分内容，可以看到各个验证责任方对每个技术关键点进行了研究，给出了技术实现思路，并对研发工作量进行了估算。

（3）制订下阶段计划

制订下阶段计划是基于以上两部分内容制订产品研发阶段的详细计划。

回到案例，校招业务产品开发团队首先根据产品概要设计对总体产品研发任务进行了工作分解，如图 5-3 所示。

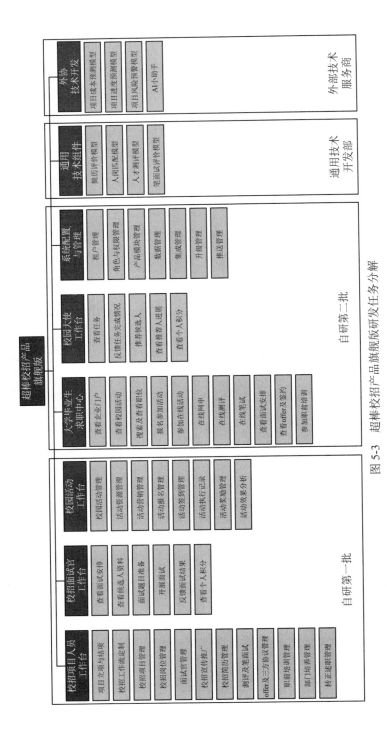

图 5-3 超棒校招产品旗舰版研发任务分解

图 5-3 将整个产品研发任务分为四部分：前两部分为产品开发部的自研部分，自研第一批是客户使用的产品模块，第二批是学生使用的产品模块；第三部分是请公司通用技术开发部研发技术组件；第四部分是请外部技术服务商研发与校招项目管理相关的技术组件。校招业务企业客户的优先级较高，所以第一部分要在产品研发阶段完成，第二、三、四部分在客户验证阶段完成即可（启动客户验证前）。

产品开发团队对每一部分都制订了详细的产品研发计划，其中自研第一批的计划如表 5-4 所示。

表 5-4　超棒校招产品旗舰版自研第一批研发计划

起止时间	产品研发任务	负责人
2021 年 3 月 15 日～ 2021 年 4 月 7 日	完成校招项目人员工作台项目立项与结项模块的详细设计、研发实现、功能测试	××
2021 年 3 月 21 日～ 2021 年 4 月 15 日	完成校招项目人员工作台工作流定制模块的详细设计、研发实现、功能测试	××
……		
2021 年 6 月 1 日～ 2021 年 6 月 15 日	完成校招项目人员工作台、校招面试官工作台、校招活动工作台的系统联调测试	××
2021 年 6 月 15 日～ 2021 年 6 月 30 日	提交产品可用性测试报告	××

表 5-4 仅展示了部分内容，给出了每个产品研发任务的起止时间和负责人，校招事业部产品管理人员据此可掌握研发进度并及时跟进检查。

（4）DCP 评审

在 DCP 评审环节，产品开发团队要将实验室阶段的成果提交产品委员会，由产品委员会专家评估产品概要设计是否合理、技术关键点的识别和验证是否有遗漏、对产品研发计划的考虑是否全面、是否需要其他专业技术方面的支持，最后决定是否继续开发。

案例中，校招产品开发团队按产品立项时确定的计划将本阶段成果以邮件方式发送给产品委员会，产品委员会认为产品开发团队思考全面、评估细致、计划合理，请产品开发团队按计划启动产品研发工作。

5.3　产品研发阶段

产品研发阶段的目标是按计划完成产品详细设计和研发实现工作。接下来看看产品研发阶段有什么特点，如何才能取得成功，以及 IPD 体系与业界常说的"敏捷"是什么关系。

（1）产品研发阶段的特点

与产品开发流程的其他阶段相比，产品研发阶段有如下特点。

① **持续时间长**：新产品的研发一般在三个月以上，时间长的甚至可达一至两年。

② **参与人员多**：产品设计师、视觉交互设计师、产品研发工程师、测试工程师等一线工作人员纷纷参与到产品研发工作中来。

③ **成本支出高**：除了以上人员费用，设备购置费、材料费、试验费、软件购置费、技术服务费、数据服务费、专利与知识产权申请费、委托研发费等都发生在本阶段。

④ **对跨团队紧密协作要求高**：需求分析团队、产品设计团队、产品研发团队、测试团队围绕产品研发工作形成上下游协作关系，需求分析师针对每一条关键客户需求制定解决方案，产品设计师将其转化为产品功能，视觉交互设计师将产品功能转化为用户体验良好的前端页面设计，产品研发工程师将产品设计转化为实际可用的产品，测试工程师确保产品没有重大质量缺陷。

⑤ **流程交互密集**：产品开发流程、技术开发流程（第六章介绍）、外协管理流程（本书不涉及）、需求管理流程（第七章介绍）交织在一起，产品开发流程负责产品研发，技术开发流程负责通用技术组件研发，外协管理流程负责外部技术服务的管理，需求管理流程负责完成每个客户需求的分析与处理，这一切都围绕产品研发展开。

综上，如果产品研发阶段管理粗放，很容易造成人员窝工、进度延期、成本浪费，所以精细化管理势在必行。

（2）产品研发阶段成功的关键点

根据业界实践经验，在产品研发阶段要想又快又好地完成工作，关键点如下。

① **引入天使客户代表**：如果在产品的规划与开发过程中能邀请天使客户代表参与（当然要签订保密协议），无疑对提高产品开发成功率有非常大的帮助。如果实验室阶段做不到（因为在此阶段产品尚未成形、不利于客户交流），那么在产品研发阶段一定要邀请客户代表参与。客户代表不仅可参与产品方案讨论，也可亲身体验研发完成的产品功能。不过需求分析师也要谨防被客户代表带偏，有些具备丰富行业经验的资深客户代表往往倾向于提供与其水平类似的用户才能掌握和应用的方案，而一般用户却很难达到这么高的水平，导致产品应用很难达到预期效果。

② **建设统一作业平台**：这种平台可帮助一线工作人员实现跨专业无缝协同，它有三个作用：第一是能提供统一的研发环境和工具链，大大缩短研发准备时间；第二是可随时从平台获取公司最新的通用技术组件，避免"重复造轮子"；第三是打通从客户需求、产品方案、视觉交互设计、代码开发、功能测试到产品发布的全过程。所以统一作业平台是提高产品研发效率的利器。

③ **引入敏捷方法**：虽然图 5-2 中产品研发阶段有"详细设计""产品研发实现"等活动，但 IPD 体系并非要求这些活动只能串行、不能并行，所以不必先完成详细设计再启动代码开发，产品开发团队可结合自身实际情况选择合适的项目管理方法。虽然有的企业仍沿用瀑布开发方法，目前行业中软件和硬件产品都可采用敏捷迭代方法，哪怕是硬件产品，也可采用类似"概要设计→详细设计→仿真分析→设计优化 1 →样机验证→设计优化 2 →小规模试制→设计优化 3 →正式上市销售"的流程，实现小步快跑、快速迭代。本书以 To B 软件产品为主，接下来看看软件研发领域 IPD 体系和敏捷方法如何协同。

（3）IPD 体系与敏捷方法的协同

所谓敏捷方法是将整个产品研发过程划分为若干迭代，每个迭代都完成一批产品功能的方案设计、代码开发、功能测试，每完成一个迭代就邀请客户代表验证，看产品方案可否有效解决了业务痛点，确保产品方案满足客户需求。

从方法论层面，IPD 体系包含"做正确的事"（如产品规划立项流程）和"正确地做事"（如产品开发流程），敏捷方法则主要聚焦"正确地做事"。

IPD 体系与敏捷方法二者的协同关系如图 5-4 所示。

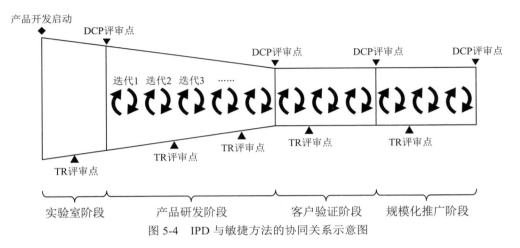

图 5-4　IPD 与敏捷方法的协同关系示意图

根据图 5-4，IPD 体系在产品研发阶段设置了若干评审点——包括 TR 评审和 DCP 评审，评审点主要检查产品研发成果的质量，因此可将整个产品研发过程划分为若干迭代周期，只要迭代周期比评审周期短即可。有的团队采取的迭代周期是两周，有的是三周，有的是四周，由产品研发团队根据自身习惯决定。每个迭代周期一定要有成果交付，或者提供了新特性，或者技术组件得到优化、系统性能得到提升，否则迭代就毫无意义。市场上有很多关于研发项目管理和敏捷方法的书籍和资料，在此不再赘述。

在校招业务案例中，产品开发团队邀请三个天使客户代表参与进来，定期进行产品方案交流和产品功能验证。迭代周期定为三周，虽然产品研发过程略有曲折，最后顺利完成了第一批产品模块——企业客户端产品模块（校招人员项目工作台、面试官工作台、校招活动工作台）的开发，并通过了各 TR 评审。同时，在此过程中产品研发负责人也定期与通用技术开发部、外部技术服务商沟通进展，确保三方进度保持一致。

另外，虽然实验室阶段、产品研发阶段以研发人员开展研发工作为主，但市场和客户方面的工作也在进行，产品负责人和市场代表不断地寻找、筛选、确定样板客户，为接下来的客户验证阶段做准备。到 2021 年 6 月份，除了最早的三家天使客户之外，又发掘了两家客户并确定了合作意向。

在产品研发阶段的 DCP 评审中，产品开发团队提交的汇报材料的核心内容如下。

① **产品开发执行偏差表**，如表 5-5 所示。

表 5-5 产品开发执行偏差表

产品开发流程阶段	计划	实际	偏差率
实验室阶段	工期：15 天 成本：10 万元	工期：17 天 成本：11 万元	工期：13% 成本：10%
产品研发阶段	工期：90 天 成本：180 万元	工期：100 天 成本：195 万元	工期：11% 成本：8%

表 5-5 中实验室和产品研发阶段的工时和费用偏差率都低于 15%，在允许范围内，因此汇报时无须对偏差原因进行过多解释。

② **样板客户情况介绍**，如表 5-6 所示。

表 5-6 样板客户 ×× 介绍

客户名称	××
企业基本情况	××
历年校招开展情况	××
通用产品需求满足度	80%
个性化需求一览	业务场景：××，需求描述：××
	业务场景：××，需求描述：××
	业务场景：××，需求描述：××

其中"通用产品需求满足度 80%"是指通用产品能满足此客户 80% 的需求，剩下的是个性化需求，需要进行定制开发。

最终校招产品顺利通过了产品研发阶段的 DCP 评审，进入客户验证阶段。

5.4 客户验证阶段

客户验证阶段的目标是找到样板客户，签订销售合同，完成产品价值验证，为后续产品上市推广奠定基础。

客户验证阶段是 IPD 体系产品开发流程的精髓，IPD 体系设置客户验证阶段的初衷是在产品研发与市场销售之间建立一个验证和优化缓冲区，"验证"——验证产品对客户业务的价值，"优化"——除了根据客户反馈优化产品功能外还要优化产品的定价体系和销售、交付方法。To B 产品比较复杂，简单粗暴地将产品研发出来抛给销售团队去卖，很难取得成功，无数企业证明了这一点。所以，IPD 体系建议由产品开发团队完成前三单，总结出销售和交付方法再转交给销售和服务组织。

客户验证阶段有三条主线，如图 5-5 所示。

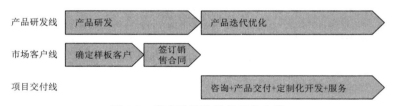

图 5-5　客户验证阶段的三条主线

三条主线的具体内容如下。

（1）市场客户线

产品开发团队中的产品负责人和市场代表根据产品规划报告中细分市场的客户画像，首先与市场销售团队进行交流、研讨，确定样板客户，然后与客户建立连接，登门拜访，交流业务问题和解决方案，最后签订销售合同。此处需要注意，样板客户应该是具有典型特征的客户，是具备市场影响力的客户，而非仅仅与我们关系好、愿意帮我们说好话的客户，也不是成功之后难以带动市场客户跟进的客户。好的样板客户应具备三个特征：第一是业务场景全面，这样产品价值验证充分，客户案例说服力强；第二是服务该客户过程中所总结的销售和交付方法可以有效复用到其他客户身上；第三是客户心态开放，后续愿意出席我们组织的市场推广活动，为我们代言，将产品推荐给其他客户。

（2）**产品研发线**

从客户交流到签订销售合同往往需要一段时间，因此可将部分产品研发任务放到客户验证阶段中来，这体现了 IPD 体系的异步开发思想。最后产品研发成果、技术研发成果、外协研发成果三方应汇合在一起，完成系统集成和联调测试。在销售合同签订后，产品开发团队的一项任务是根据项目交付过程中的客户反馈对产品功能进行完善，提高产品成熟度；另外一项任务是梳理各个样板客户的业务差异点，据此设计出不同的系统可配置参数，这样未来面向客户交付产品时只需要根据其业务特点调整参数配置即可提高产品灵活性，降低交付工作量。

（3）**项目交付线**

在签订客户销售合同之后，产品开发团队又要扮演交付团队的角色，对于每个样板客户，首先要研究客户业务需求，制定有针对性的解决方案；其次要与客户负责人确定项目交付计划；再次要将解决方案分解成产品研发、技术研发、外协研发、定制开发、服务等任务，交给各团队分别执行；最后面向客户完成解决方案交付。在此过程中要注意需求蔓延问题，在项目交付之前我们仅与少数几个代表（客户的中高层）接触，到了交付环节各岗位用户纷至沓来，产品需求呈现爆发趋势，先考虑哪些需求、后考虑哪些需求，要做好决策和管控。另外一点，针对定制开发部分要分析其中是否包含通用需求，若有则纳入产品研发任务，这是产品不断变强变大的关键。

完成项目交付之后的三个月至关重要，客户能不能把产品用起来，产品能不能发挥预期效果，客户能不能因此受益，这些都关系到产品能否取得成功，所以产品开发团队还要"扮演"客户服务团队，定期拜访客户，看哪些环节存在问题，通过培训、答疑、指导等方法及时解决问题。当产品应用稳定之后，产品负责人要撰写项目结项报告，向客户负责人汇报项目成果——其中包含产品应用带来的客户业务指标改善情况，为客户后续增购、加购打好基础。

客户验证阶段末期的工作重点是盘点执行偏差及客户收入，判断商业模式是否符合预期，整理汇报材料准备 DCP 评审。

校招业务案例中，在客户验证阶段的 DCP 评审中，产品开发团队提交的汇报材料的核心内容如下。

① **产品开发成果**，如表 5-7 所示。

表 5-7　客户验证阶段产品开发成果

序号	产品开发成果
1	通用产品需求清单，地址：××
2	产品研发部分文档、代码及测试报告，地址：××
3	技术研发部分文档、代码及测试报告，地址：××
4	外协研发部分文档、代码及测试报告，地址：××
5	产品、技术、外协三方系统集成后的文档、代码及测试报告，地址：××
6	已提交的专利及软件著作权申请，地址：××
7	产品说明书及介绍视频，地址：××
8	解决方案说明书及介绍视频，地址：××
9	产品销售方法说明及工具包，地址：××
10	产品交付方法说明及工具包，地址：××

② **产品开发执行偏差表**，如表 5-8 所示。

表 5-8　客户验证阶段产品开发执行偏差表

产品开发流程阶段	计划	实际	偏差率
客户验证阶段	工期：125 天 成本：275 万元	工期：135 天 成本：300 万元	工期：11% 成本：9%

③ **盘点每个样板客户的项目交付成果**，如表 5-9 所示。

表 5-9　客户 ×× 项目交付成果

客户名称	××
项目交付起止时间	×× 年 ×× 月 ×× 日～ ×× 年 ×× 月 ×× 日
解决方案清单	咨询＋产品交付＋定制开发＋校招项目活动服务 （附：解决方案说明文档地址 ××）
收入清单	（1）咨询：免费 （2）产品：50 万元 （3）定制开发服务：10 万元 （4）校招活动服务： ①3 场线下活动，每场 5 万元，共 15 万元 ②5 场线上活动，每场 3 万元，共 15 万元 上述四项收入累计：90 万元

续表

成本清单 （不含产品）	（1）咨询：1 万元 （2）定制开发服务：7 万元 （3）校招活动服务： ① 3 场线下活动，成本 12 万元 ② 5 场线上活动，成本 10 万元 上述三项成本累计：30 万元
个性化需求一览	（1）业务场景：××，需求描述：×× （2）业务场景：××，需求描述：×× （3）业务场景：××，需求描述：×× 定制开发部分文档、代码及测试报告，地址：××
产品价值验证情况	（1）关键客户需求 1：××，产品满足情况：×× （2）关键客户需求 2：××，产品满足情况：×× （3）关键客户需求 3：××，产品满足情况：××
客户业务改善情况	（1）业务指标 1：××，产品应用前 ××，产品应用后 ×× （2）业务指标 2：××，产品应用前 ××，产品应用后 ×× （3）业务指标 3：××，产品应用前 ××，产品应用后 ××
客户声音	客户业务负责人的心得体会（视频），地址：××

④ **产品规模化推广建议**，如表 5-10 所示。

表 5-10　校招产品规模化推广建议

试点分公司	分公司 1 → 分公司 2 → 分公司 3
试点节奏	分公司 1：2022 年 2 月启动
	分公司 2：2022 年 3 月启动
	分公司 3：2022 年 4 月启动
	全面推广：2022 年 5 月启动
产品及解决方案培训	试点培训：2022 年 2 ～ 4 月，每月两次，每次两天
	全体培训：2022 年 5 ～ 7 月，每月两次，每次两天
市场活动	各分公司举办标杆客户案例分享会，由产品开发团队邀请客户代表参加、介绍产品应用情况
媒体推广	线上线下媒体宣传，建议媒体：××、××
项目报价标准	产品：50 万元 / 年 咨询服务：5000 元 / 人天 定制开发服务：5000 元 / 人天 校招活动服务：线下活动 5 万元 / 场，线上活动 3 万元 / 场
产品支持	产品开发团队提供售前、交付、服务等方面的支持
商业目标	2022 年收入 5000 万，毛利 2100 万

到此，与产品研发相关的产品开发活动基本结束，接下来主要开展与产品推广相关的产品开发活动。有的企业，尤其是国企，将实验室阶段、产品研发阶段、客户验证阶段三个阶段视为科研项目开发过程，这样在客户验证阶段结束时进行结项即可。

5.5 规模化推广阶段

规模化推广阶段的目标是将产品推向市场，实现产品的规模化销售，完成市场机会变现。

当一款产品通过了实验室阶段、产品研发阶段、客户验证阶段之后，产品研发工作才告一段落，接下来产品的规模化推广主要由业务单元总经理负责，因为只有总经理才有权协调产研、营销、服务等组织共同开展工作，并为每个组织设定指标，按绩效进行考核、实施奖惩。

整个规模化推广阶段周期很长，从产品上市到获得市场初步认可、市场份额迅速提升，再到获得稳固的市场地位，不同时期产品推广方法有所不同，故将整个阶段分为两步。

（1）部分市场试点

作为最懂产品的人，产品开发团队在客户验证阶段积累了丰富的客户交流、产品销售及交付经验，但销售团队能否顺利将产品卖出去仍是个未知数。为了更加精益地进行市场推广，不宜一开始就全面铺开，应先选择一部分地区对产品的销售和交付方法进行试点验证。

这个阶段的关键成功要素如下。

① **试点市场的选择**：应优先选择那些客户基础好、销售团队意愿强、标杆示范引领作用明显的地区作为试点。根据整体收入目标和各销售负责人报名情况，可选择三至五个地区作为试点。确定试点地区之后，设立试点专项，各试点销售负责人盘点客户资源、预测销售收入，报备到专项负责人处，经过评审后确定各试点地区的销售目标，正式启动试点，将产品在 CRM（Customer

Relationship Management，客户关系管理）系统中上架，并推广到各试点地区。

② **考核指标的设定**：原则上销售团队对收入规模负责，产品开发团队对毛利率负责。由于新产品销售难度大，所以在给销售团队下达收入指标的同时，要注意配套激励机制的建设，若成熟产品的销售佣金为 3% ～ 5%，那么新产品的销售佣金可提高到 6% ～ 8%，甚至 8% ～ 10%，这样才能激发销售人员积极性。

③ **销售方法的试点**：目标是将产品销售能力复制到各试点地区，要聚焦销售方法的变化。产品开发团队对客户业务了如指掌，在客户验证阶段通过与客户交流业务痛点和产品价值就可以说服客户、完成产品销售。没有深厚业务经验的普通销售人员应如何完成销售任务？建议邀请试点地区的销售精英参与交流、研讨，将产品开发团队的销售方法 v1.0 升级为销售人员可掌握的销售方法 v2.0，输出配套的销售工具包。当有了销售线索，产品开发团队要全力支持，指导销售人员如何识别客户业务痛点，如何根据痛苦链挖掘根源，如何根据客户身份选择销售工具，如何引导客户需求向我们的标准解决方案靠拢，如何进行报价，以及如何与项目经理确定交付计划，待销售人员全面掌握之后方可慢慢放手。当几个地区同时试点时，可在销售佣金之外设置专项奖金池，激发各地区销售人员的主观能动性，探索出更有效的销售方法。

④ **交付方法的试点**：目标是将项目交付能力复制到各试点地区，要聚焦各试点地区交付能力的建设。业务单元总经理要根据企业已有的客户项目交付管理制度，结合本产品的特点，决定采用集中式交付还是分布式交付：一般客户数量少且交付难度大的产品建议采用集中式交付，即由总部产品开发团队进行交付；其他产品建议采用分布式交付，即在各地建设交付中心，支持就近交付。当试点地区与客户签订合同后，产品开发团队要全力支持，帮助试点地区培养交付人员，指导交付人员如何管理客户需求，如何识别通用产品需求并同步给产品开发团队，如何针对客户个性化需求制定方案，完成定制开发后如何与产品集成在一起，直至完成客户项目交付。

当产品在部分地区推广成功之后，意味着销售人员掌握了产品销售方法，交付人员掌握了项目交付方法，此时可进行全面市场推广。

（2）全面市场推广

产品在部分地区站稳脚跟，相当于跨越了鸿沟，下一步就要将产品在 CRM 系统中上架推广到所有地区，全部销售人员都可以卖这款产品。当产品进入全面市场推广，很快会跨过成长期，到达成熟期，产品获得一个稳定的市场份额。

这个阶段的关键成功要素如下。

① **优化目标管理**：在销售组织年度经营计划中，将可售卖产品与各地区销售计划进行互锁，即将总体销售任务拆解为在哪些地区销售哪些产品、目标销售数量是多少，一般由业务单元的销售管理部门主导此项工作。

② **持续产品培训**：要将试点地区验证成功的产品销售方法和项目交付方法复制到其他地区，产品开发团队继续提供必要的培训、营销和交付支持。持续的培训很有必要，To B 业务复杂，所有相关人员都要参加培训，只有做到"专家面前不外行，客户面前是专家"，才能赢得客户，组织才有战斗力。

③ **优化需求管理**：随着客户越来越多，项目需求也越来越多，所有需求都要录入需求管理系统，同时要建立需求甄别机制——识别哪些是通用产品需求、哪些是客户个性化需求。对于每一个客户项目，产品负责人要和交付项目经理紧密沟通，识别出通用需求并纳入产品需求池，识别出高价值需求并给出开发计划；交付项目经理据此制订项目计划，并按计划将定制开发部分与产品迭代部分进行集成交付。

④ **优化成本核算**：产品开发成本和项目交付成本要分开核算，纳入产品需求池的通用需求开发由产品开发团队负责，视为产品开发成本；针对客户个性化需求的定制开发由项目交付团队负责，视为项目交付成本。产品进入成长期的一个常见问题就是客户需求失控，产品开发团队既要进行产品迭代，又要到各个项目救火，导致团队人员越来越多，于是产品毛利率逐渐走低。一个比较好的办法是严控人员编制，每年在战略制定阶段就限定好产品开发团队和交付团队的人员规模，严禁超编。这样产品开发团队会更加注重高价值通用需求开发，持续提升产品价值；各地区交付团队也会注重与销售团队配合，在与客户早期交流阶段引导客户采用标准解决方案、少提个性化需求。在项目方案评审阶段要对定制开发比例进行审核，否决定制开发比例高（例如高达 30%）的项目。

⑤ **优化绩效考核**：年终考核各团队绩效时，对于产品开发团队主要看客户对新发布的产品特性是否满意，产品应用率是否有所提高，客户业务是否持续改善，产品开发成本是否达标，产品毛利率是否有保证；对于市场销售团队要看销售线索是否有所增加，销售效率是否提高，引导客户向标准解决方案靠拢的成功率是否提高，销售成本是否达标，销售收入是否达标；对于项目交付团队要看所制定的解决方案客户采纳率是否提高，定制开发比例达标率是否提高，项目交付成本是否达标。

这个阶段要不断优化产品研发和项目交付的协作机制，一般二者的协作关系如图 5-6 所示。

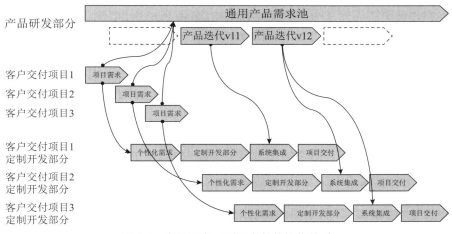

图 5-6 产品研发和项目交付的协作关系

根据图 5-6，每次要对客户需求进行分析，通用需求用于产品迭代，个性需求用于定制开发。由于产品迭代持续按某个周期节奏进行，所以交付项目经理要做好计划，将定制开发部分与产品迭代部分衔接好，以便尽早完成系统集成和项目交付。图中项目 1 与产品迭代 v11 相关联，项目 2 和 3 与产品迭代 v12 相关联。

（3）劣势地区攻坚

产品开发团队一定要有雄心壮志才能走得长远，在规划产品时就要瞄准市场前三名，当顺利位列市场前三名时，要力争早日成为市场老大。

当产品进入成熟期，市场份额稳定，营业收入稳定，持续向公司贡献稳定的利润，此时企业切不可放松警惕，要保持研发投入强度——很多企业拿出上一年营收的 8% ～ 10% 进行技术开发和产品升级。

另外要对各个地区市场按市场地位进行分类管理，对于优势地区要持续巩固市场地位，对于劣势地区则要展开攻坚。To B 业务的关键成功要素有很多，产品开发团队在劣势地区要多做调查研究，分析未能取得市场优势的原因并制定相应的对策，如表 5-11 所示。

表 5-11　市场落后的原因及对策

市场落后原因	对策
与当地相关政府部门联系不够紧密，不能及时知晓相关法律法规的出台，产品升级速度比竞争对手慢	**政府关系层面**：强化与政府的关系，积极配合政府部门工作，争取在相关领域成为试点单位，有政府背书开展业务更顺利 **产品优化层面**：第一时间获知政策变化，集中研发力量快速实现产品升级并推向市场
当地有较强竞品，我们的产品优势不明显	**产品优化层面**：深入研究竞品，分析其薄弱环节，在其未能很好满足客户需求的方面发力，提高我们产品的竞争力**客户拓展层面**：与当地影响力大的客户合作，利用产品先进性打动客户，待客户应用产品取得成功后加强市场宣传，利用其标杆示范效应吸引其他客户跟进，不断蚕食竞争对手市场份额
当地客户服务不到位，导致客户流失	**客户成功层面**：强化客户成功团队建设，在完成客户交付后，定期跟进客户产品应用情况，及时发现问题、解决问题，重新赢得客户的信任 **生态建设方面**：对于短期难以快速覆盖的地区，可在当地发展合作伙伴，负责提供相关客户服务

劣势地区攻坚更加需要"多兵种"协同作战，市场团队负责洞察市场变化并及时同步给其他部门，产品开发团队负责迭代产品不断提高竞争力，营销团队负责通过举办营销活动将产品价值主张传递给目标客户，销售团队负责将销售线索转化为合同和收入，交付团队负责完成高质量项目交付并让用户快速上手，客户成功团队负责持续跟进客户产品应用情况并及时解决问题。

回顾超棒人才校招业务案例，其三个细分市场三年的产品开发节奏如图 5-7 所示。

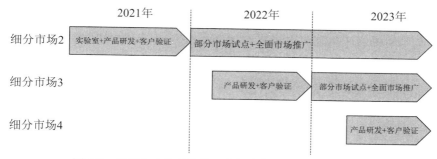

图 5-7　超棒人才校招业务三个细分市场的产品开发节奏

根据图 5-7，细分市场 2 从 2021 年启动产品开发到 2022 年全面市场推广，前后用了两年时间。细分市场 3 的产品开发于 2022 年启动，由于细分市场 2 的产品研发工作扎实细致、所有技术关键点得到了验证，因此细分市场 3 的产品开发过程省去了实验室阶段，直接进入产品研发，所以产品研发和客户验证总时长（9 个月）比细分市场 2（11 个月）缩短了不少。细分市场 4 的产品开发于 2023 年启动，产品研发周期进一步缩短。不同细分市场的产品开发有序推进，直到按既定计划完成校招业务产品开发工作。

5.6　产品退市阶段

根据产品生命周期模型（图 4-2），所有产品最后都将走到退市阶段。产品退市并非本书重点，在此仅进行简单介绍。

产品退市原因多种多样，有些是技术过于落后、产品性能无法满足需求（例如很多用 Delphi 语言开发的产品难以为继），有些是出现了模式领先的替代品、客户不断流失（例如共享单车淘汰了摩的），有些是市场萎缩、客户需求消失（例如手机淘汰了 mp3 播放器）。当一款产品营业收入不断下滑、利润难以覆盖成本时，就要考虑将此产品进行退市处理。

产品退市一般遵循以下步骤。

① 产品负责人向产品委员会提出产品退市申请，产品委员会批准。

② 产品负责人带领产品开发团队制订产品退市计划、客户沟通计划及客户迁移计划（协助客户从老产品迁移到新产品），提交产品委员会审批，产品委员会批准。

③ 向公司内部所有部门及外部客户发布产品退市公告。

④ 在 CRM 系统中将产品挂起，停止产品销售。

⑤ 在产研项目管理系统中将产品挂起，停止产品研发和生产。

⑥ 在客户反馈及工单系统中将产品挂起，停止产品服务。

⑦ 将产品所有相关资产（设计文档、图纸、代码、测试报告、说明书等）归档、封存。

⑧ 完成上述所有工作后，向产品委员会发送产品退市备忘录。

需要注意，老产品退市一般伴随着新产品上市，所以与客户沟通产品退市计划时要将新产品推荐给客户，帮助客户制订迁移计划，及时从老产品过渡到新产品，避免客户业务受到影响。

5.7　产品开发流程效果评价

产品规划立项流程以洞察、思考、分析、规划、论证、评审为主，产品开发流程则是一个"投入大量兵力、真刀真枪实战"的过程。

评价产品开发流程运行效果时，评价对象一般是一个业务单元或一个产品线，具体评价要素如下。

① **按时完工率**：进度和费用与计划的偏差率都在 15% 以内、交付物达到既定标准且顺利通过产品委员会 DCP 评审的产品开发阶段（一般仅评估实验室、产品研发、客户验证三个阶段），视为按时完工。

② **准时上市率**：产品按时通过客户验证阶段决策评审、在部分地区启动试点的，视为准时上市。

③ **应用达标率**：客户应用产品之后，业务指标改善情况达到客户预期的，视为应用达标。

④ **预期收益达标率**：产品上市满一年，产品投资回报率达到预期目标的，视为预期收益达标。

⑤ **产品开发成功率**：完成开发的产品，同时满足按时完工、准时上市、应用达标、预期收益达标的，视为产品开发成功。

超棒人才产品委员会在 2022 年底复盘校招事业部的产品开发过程时，认为产品开发团队很好地执行了产品规划报告提出的开发计划，虽然执行过程略有偏差，但仍然又快又好地完成了产品开发工作。尤其在细分市场 2 的产品开发过程中验证了所有技术关键点，因此细分市场 3、4 的产品开发周期大大缩短。产品开发完成后，在客户验证阶段对产品价值进行验证和优化，之后通过部分地区试点将产品销售和交付方法传递给销售和服务组织，实现了公司内部跨团队紧密协作。所以，超棒人才产品委员会评价产品开发流程运行效果良好，决定于 2023 年起在所有事业部中推行。

第六章

技术开发流程

本书第三、四、五章从业务和产品的视角，介绍如何洞察市场机会，规划有竞争力的产品，把产品开发出来推向市场，实现市场机会的变现。本章我们从技术管理的角度，介绍如何全面梳理业务和产品对专业技术的需求，规划技术体系，将专业技术平台化、组件化，以支撑业务和产品的快速开发。

IPD 体系提倡业务分层，将技术视为内部产品——内部产品的客户是企业内部的相关组织，因此专业技术也需要遵循先规划立项、后开发应用的流程，只不过技术的规划与普通产品的规划有些差异，本章将进行介绍。

超棒人才案例中，战略委员会通过业务战略评审发现公司内各产品团队存在"重复造轮子"现象，因此专门成立了通用技术开发部，技术开发预算由公司统一承担，负责研发通用技术组件和技术平台，支撑各业务单元产品开发。

6.1　技术规划立项流程概览

讲解技术规划立项流程之前先介绍技术战略。每年各业务单元在进行业务战略制定时，也要制定技术战略。制定技术战略时，要扫描、洞察世界上各种专业技术的最新发展动态，结合各业务单元战略目标，对支撑企业业务发展的专业技术进行识别，对技术平台的未来发展进行规划。当然，技术战略输出的成果是方向性的、粗粒度的，很多内容要在技术规划过程中进一步细化。

前面提到技术是内部产品，因此技术规划是一种特殊的产品规划，技术规划立项遵循产品规划立项流程，只是在关键活动上有所不同（所以图 2-3 未展示技术规划立项流程）。两者最大的区别是技术规划无须过多考虑市场推广和商业回报问题，因为技术不面向外部客户销售，其目标是支撑内部产品开发。但技术规划与产品规划很多内容是相同的，例如，技术规划也要做竞争分析，评估公司的某项专业技术在行业中是否足够领先，性价比是否足够高。还有，技术规划也要做投资回报测算，评估专业技术可在多大程度上提高产品开发效率、降低产品开发成本，是否值得投资。

图 6-1 是技术规划立项流程中的关键活动。

技术规划立项流程的关键要素如下。

① **流程的输入**：除了技术战略对技术开发提出要求外，产品规划立项流程和产品开发流程也可能会提出技术开发需求，这些都是流程的输入。

② **流程关键活动**：图 6-1 中左侧一列是"技术路标制定"活动，包括收集技术开发需求，针对每一类专业技术分析其发展趋势，确定技术策略（投资并购、合作开发或者自研），选定技术路线，最后制订出技术路标计划，即何时发布何种关键技术特性。中间一列是"技术开发目标定义"活动，包括深入研究技术开发需求，分析竞争情况，定义技术开发目标，最后制订出技术开发计划。

③ **关键活动负责人**：技术规划立项流程所有关键活动由"技术规划立项小组"负责，该小组是临时虚拟组织，成员包括技术负责人、技术架构师、产品代表（产品代表的角色是内部客户）。

④ **立项评审负责人**：技术规划立项的评审负责人是技术管理委员会（下文简称技术委员会），该组织是常设虚拟组织，主要成员是各个领域的技术专家及产品代表，负责企业技术体系的规划评审。

⑤ **流程的输出**：技术规划报告通过评审后，意味着技术立项通过，此时启动技术开发流程，在产研项目管理系统中创建该技术研发项目。

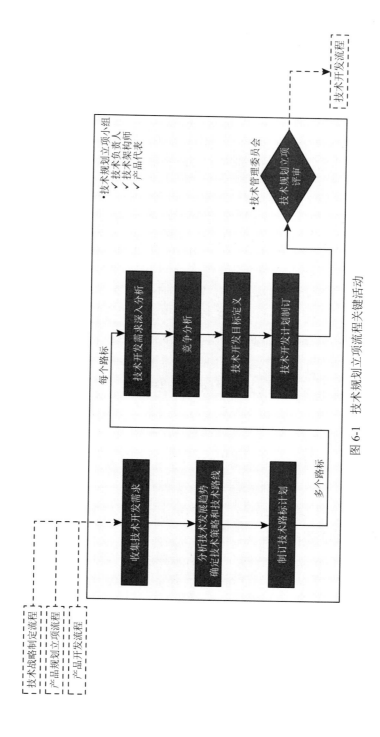

图 6-1 技术规划立项流程关键活动

6.2 技术规划立项关键活动介绍

由于技术规划立项与产品规划立项基本相同，本章主要介绍具有技术特色的内容。

（1）输出业务分层架构图

技术战略制定的一项关键成果是全面思考业务战略诉求和目标，输出业务分层架构图。

第二章介绍了 IPD 体系的业务分层思想（图 2-1），解决方案、产品开发、产品平台、技术平台、核心技术各为一层，每层都有自己的规划与开发计划，实现各层独立开发、下层支撑上层，提高开发效率。因此，制定技术战略时应全面思考本企业的业务及场景，定义各个专业技术和技术平台，形成业务分层架构图，后续再根据各产品的技术开发需求不断更新此架构图。很多企业遵循"生产一代、研发一代、预研一代"的创新理念并取得了巨大成功，关键在于透过客户的近期需求预判客户的未来需求，洞察哪些专业技术可起到关键作用，从而提前进行技术布局，通过发明专利和技术标准构建核心竞争力。

超棒人才案例中，技术战略通盘考虑公司现有的测评、培训、社招、校招业务及未来要布局的业务，形成了业务分层架构图初稿，如图 6-2 所示。

图 6-2 展示了专业技术和技术平台对产品的支撑，图中有四个技术平台，每个平台向下包括若干专业技术，向上支撑产品开发。

技术规划应围绕技术平台进行，即为每个技术平台编写一份规划报告。

（2）技术平台的形成过程

关于技术平台是如何形成的，业界有很多争论，有人说应该先做产品再打磨平台，有人则说先把平台建好再开发产品效率会更高。根据笔者调研，绝大多数企业的技术平台是在产品开发过程中逐渐沉淀形成的，因为产品离客户更近，先通过产品开发实现市场机会变现再启动技术平台建设更合理、更经济。技术平台的形成过程如图 6-3 所示。

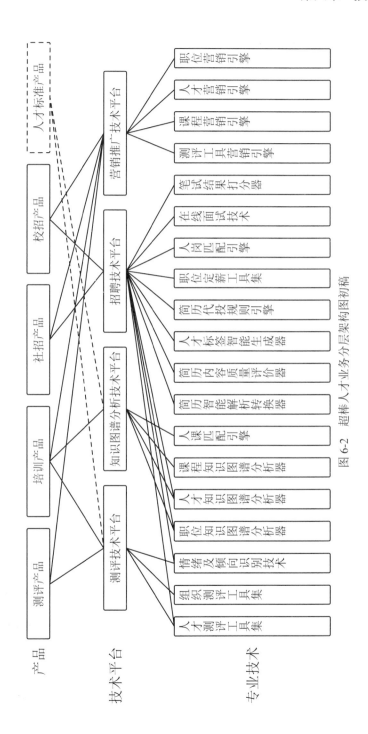

图 6-2　超棒人才业务分层架构图初稿

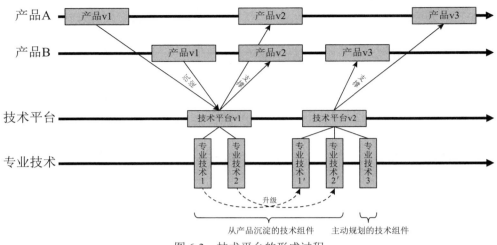

图 6-3　技术平台的形成过程

根据图 6-3，产品 A 和产品 B 在开发过程中都涉及专业技术 1 和专业技术 2，两个产品开发团队都形成了一定的研发成果，通过交流、研讨，两个产品开发团队将这些成果合并形成两个专业技术组件沉淀到技术平台，之后由技术开发团队对这些技术组件进行升级、维护，产品开发团队只需拿来应用即可。一次技术升级，两个产品受益，产品开发效率不断提高。

除了从产品中沉淀，技术规划负责人还要发挥主观能动性，通过洞察客户需求发展趋势，主动提出一些新的专业技术，只要获得产品开发团队认可，也可纳入技术规划（图 6-3 中"专业技术 3"就是这种情况），待技术研发有了成果，就应用到产品中去为客户提供新的价值，很多划时代的产品就是通过这个途径做出来的。因此，在进行技术开发时不要被动等待，要主动出击，这是本书所提倡的。

（3）收集技术开发需求

技术规划阶段，技术规划负责人要利用各种手段充分挖掘各业务单元对技术开发的需求，例如在业务战略制定过程中了解每个业务单元的未来方向，以及参加各业务单元的产品立项评审，就可收集到很多技术开发需求。

关于主动规划新的专业技术，超棒人才有相应案例，技术规划负责人结合自身参加面试的经验，并与多个业务专家交流、研讨，提出一项新技术开发需求——"基于视频分析的人员情绪识别",即利用 AI 技术分析视频中人员的表情和行为,识别候选人的情绪和倾向。业务专家认为通过言谈举止判断人的倾向是人力资源领域一项关键需求,对面试后评估候选人是否对岗位感兴趣、是否会接受 offer 的帮助很大。若公司拥有此技术将形成独特竞争力,因此此技术开发需求被纳入开发计划。

所有技术开发需求,按技术平台、专业技术分类处理,以便各技术平台规划负责人统一分析。超棒人才案例中,招聘技术平台规划负责人收集的技术开发需求如表 6-1 所示(此表仅展示了部分数据)。

表 6-1　招聘技术平台技术开发需求清单

需求提交人	技术开发需求
社招产品	2022 年 3 月,职业分类字典:支持对 ××、×× 网站职业分类字典的解析 2022 年 3 月,简历转换器:增加对 ××、×× 网站简历格式的支持 2022 年 5 月,简历质量评价:增加对 ××、×× 字段的支持 2022 年 7 月,人才标签生成:支持从在线面试视频中智能提取标签 2022 年 7 月,人岗匹配引擎:调整 ××、×× 内容的匹配度计算权重 2022 年 9 月,简历代投:支持针对职位设置过滤项,满足条件方可投递
校招产品	2022 年 3 月,学校专业字典:支持导入各学校专业字典 2022 年 3 月,简历转换器:支持 .pdf、.docx、.jpg 等格式的简历 2022 年 5 月,简历质量评价:增加对学校专业进行排名的支持 2022 年 7 月,人才标签生成:支持从个人视频简历中智能提取标签 2022 年 9 月,人岗匹配引擎:支持利用课程关键词、实习经历关键词,与岗位关键词进行相关性计算,得出匹配度分值
招聘技术平台	2022 年 5 月,×× 技术重构:在线视频面试并发数量提升 200% 2022 年 11 月,情绪及倾向识别技术:基于视频分析识别人员情绪

表 6-1 中每个需求仅有一句描述,实际工作中需要对技术开发需求进行更为详细的描述。技术开发有个特点,即其客户是企业内各个产品团队,属于内部客户,大多数情况下可以把需求描述得非常详细。

(4)分析技术发展趋势,确定技术策略和路线

在完成技术开发需求收集之后,要分析相关技术的发展趋势,以确定技术策略,选择合适的技术路线。

对于每一种专业技术,技术规划负责人要利用各种途径洞察其未来方向,评估其成熟度和优缺点，确定其是否值得被采用，以及评估自己当前是否具备一定技术实力、与技术领先组织有多大差距。

技术发展趋势分析可采用技术成熟度曲线进行描述，如图 6-4 所示。

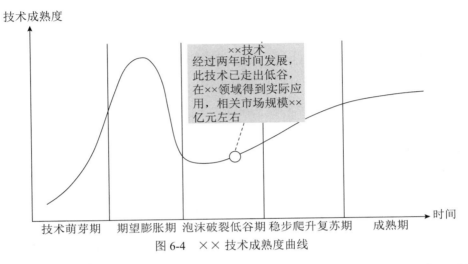

图 6-4　××技术成熟度曲线

从图 6-4 可以看出此项技术已走出低谷，未来应用将逐渐增多，因此可以将此项技术纳入技术路线备选池。

技术策略包括如何获得专业技术，哪些技术可通过投资、并购或合作快速获得，哪些技术必须要自研才可确保战略安全。技术策略分析模板如表 6-2 所示。

表 6-2　技术策略分析模板

专业技术	技术对产品的重要性	技术领先组织	我司差距	我司技术策略
××技术	□ 至关重要 □ 很重要 □ 一般	××组织 （相关介绍）	□ 落后五年 □ 落后三年 □ 落后一年 □ 无差距 □ 领先	□ 投资 □ 并购 □ 合作 □ 自研

无论采用哪种技术策略，接下来都要制定合适的技术路线，不同技术开发难度不同、资源投入不同、应用效果不同，企业要结合自身情况进行选择。举个例子：对于定位需求，有的产品定位精度要求 10 米，有的产品定位精度要求 1 厘米，技术规划负责人要通盘思考，是采用一种专业技术同时满足两种需求，还是

采用两种不同专业技术实现不同的定位精度；如果某项专业技术又有不同的实现方案，应如何决策。

超棒人才案例中，技术规划负责人通过分析社招产品、校招产品对简历转换器的需求差异，发现需要采用两种不同的技术组合方可满足需求，据此制定了技术路线，如表 6-3 所示。

表 6-3　简历转换器技术路线

简历转换器版本	技术路线描述
简历转换器 v1	数据源与转换目标均为结构化数据，采用**文字提取**与**字段映射**技术，支持定期检测数据源字段结构变化
简历转换器 v2	数据源与转换目标为非结构化数据，采用**文字提取**、**图片文字识别**与**自然语言处理**技术，需样板数据支持以提升内容识别准确度

表 6-3 只展示了简历转换器的技术路线，超棒人才技术规划团队要分析图 6-2 中所有专业技术的技术路线。

（5）制订技术路标计划

技术路线确定之后，技术规划负责人要结合每个产品对每种技术特性的期望制订技术路标计划。从时间上讲技术规划一般稍晚于产品规划，因此技术规划负责人可及时参考各个产品规划报告中的产品组合策略，根据各个产品上市时间制定技术路标发布时间，实现技术路标与产品路标的匹配。

超棒人才案例中，技术规划负责人根据社招产品、校招产品对各种技术特性的期望，结合技术开发现状，给出了技术路标计划，如表 6-4 所示。

表 6-4　技术路标计划

技术路标发布时间	拟发布技术特性
2022 年 3 月	**字典体系升级**：职业分类字典、学校专业字典数据结构升级，支持批量数据导入，支持二次编辑 **简历转换器 v1**：支持结构化简历数据的解析与转换
2022 年 5 月	**简历质量评价**：支持××、××字段及学校专业排名参与评价 **在线面试**：通过技术重构大幅提升并发数量
2022 年 7 月	**简历转换器 v2**：支持 .pdf、.docx、.jpg 等非结构化简历数据的解析与转换 **人才标签生成**：支持从视频字幕及声音中提取标签

续表

技术路标发布时间	拟发布技术特性
2022 年 9 月	**人岗匹配引擎：**增加简历内容支持，优化匹配度权重 **简历代投：**支持职位设置过滤项，屏蔽不合格简历
2022 年 11 月	**情绪识别：**基于面试视频识别犹豫、怀疑、失望等表情

超棒人才技术规划负责人据此画出了技术路标与产品路标匹配关系图，如图 6-5 所示，图中只以简历转换器一项专业技术作为示例。

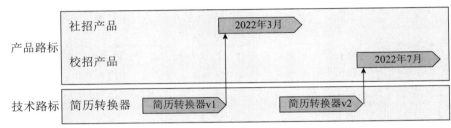

图 6-5　技术路标与产品路标匹配关系图

技术路标确定之后，要围绕一个具体要启动研发的路标进行技术开发目标定义。

（6）深入分析技术开发需求

这一步聚焦一个技术路标，深入分析每个技术开发需求的业务场景和约束条件，明确详细技术要求并确定技术指标。

所有需求都有一个渐进清晰的过程，技术战略中描述的需求是概括性的、方向性的，往往体现为类似于"满足××业务场景中××用户的××需求"这样的一句话。到了技术规划过程中，不仅要确定先满足哪些需求，后满足哪些需求，每个需求的就绪度也要提升到 80%，即清晰描述应用场景是什么，目标用户是谁，用户要完成什么任务，用户在什么条件下使用产品，周围环境还有什么约束，这项任务的输入是什么、输出是什么，用户的关键需求是什么。

具体到技术开发需求，还要考虑两点：第一要分析最终用户如何使用产品，第二要明确产品研发人员希望如何应用专业技术组件。第一点与技术专业性有关，产品研发人员熟悉产品功能的研发，但未必了解某项专业技术的细节，将用户需求翻译成技术需求时难免有偏差，所以技术规划负责人要与产品研发人员一起分析用户需求，以便明确技术开发需求。第二点则关系到技术开发成果如何应用到产品中去，有时产品研发人员希望技术研发人员提供一个完整的 SDK（Software Development Kit，软件开发工具包），有时产品研发人员希望直接调用技术研发人员提供的 API（Application Programming Interface，应用程序编程接口），这也会影响技术方案设计。

超棒人才案例中，简历转换器 v2 的详细技术开发需求如表 6-5 所示。

表 6-5　简历转换器 v2 详细技术开发需求

项目	描述
需求提交人	校招产品开发部
产品应用场景	求职者用户上传附件简历，系统自动对其进行解析并将其转换为指定的结构化简历
用户使用条件	① 手机 App 在 Wi-Fi 或 4G/5G 网络环境下，存在网络闪断可能； ② 从实际用户数据看，简历有 .pdf、.docx、.jpg、.png 等格式
基本需求 （必须要满足）	① 支持 10MB 附件简历上传； ② 支持姓名、性别、年龄、籍贯、求职意向、期望薪资、学历、学校、专业、学习成绩、实习经历（实习时间＋实习单位＋实习岗位＋实习内容）、工作经历（工作时间＋工作单位＋工作岗位＋工作内容）、自我评价、技能证书等内容的识别，识别准确度不低于 90%； ③ 支持指定职业分类字典和学校专业字典； ④ 每份简历上传后，读取＋解析＋内容识别＋内容提取的时间不超过 3 秒； ⑤ 并发数量不低于 1000 个
期望需求 （最好能满足）	① 支持提取头像和照片； ② 支持提取个人作品
技术应用需求	提供 API

表 6-5 将一个技术开发需求进行结构化描述，虽然还具备不确定性，但足以支持把技术开发目标定义清楚。

（7）竞争分析

针对要开发的专业技术，技术规划过程中要进行竞争分析，找出行业内做得好的技术方案，深入分析其优点与不足，借此优化我们的技术方案。这一过程与产品规划流程的竞品分析类似，此处不再赘述。

（8）定义技术开发目标

这一步根据详细的技术开发需求和竞争分析结论，对技术开发目标进行定义。

技术开发目标的定义模板如表 6-6 所示。

表 6-6　技术开发目标定义模板

章节	描述
技术路标	技术路标名称
技术需求	每个产品的详细技术开发需求
技术路线	选择的技术路线 选择原因
技术指标	技术研发应达成的指标 （用于技术研发项目验收）
技术架构	此处给出技术架构高阶方案 （详细技术方案在技术开发阶段完成）
预期应用前景	预计此项技术将应用到哪些产品中 预计产品开发效率可提高多少 预计产品开发成本可降低多少
预期知识产权成果	预计形成什么知识产权，尤其是发明专利
预期标准规范成果	预计可满足哪些标准体系规范要求 预计可形成什么新的标准体系

（9）制订技术开发计划

完成技术开发目标定义之后，要制订技术开发计划。与产品开发计划不同，技术开发计划要确定概念与计划、技术研发、技术应用三个阶段的时间及交付物。

技术开发计划模板参见表 6-7。

表 6-7　技术开发计划模板

技术开发阶段	起止时间	关键里程碑及交付物
概念与计划	××年××月至 ××年××月	××年××月：完成技术方案设计 ××年××月：完成技术原型验证 ××年××月：完成研发计划制订

技术开发阶段	起止时间	关键里程碑及交付物
技术研发	××年××月至 ××年××月	××年××月：完成技术研发 ××年××月：完成联调测试 ××年××月：做好技术应用准备
技术应用	××年××月至 ××年××月	××年××月：完成××产品的技术应用 ××年××月：完成××产品的技术应用 ××年××月：完成××产品的技术应用

除了以上内容，技术规划报告中还要包含成本测算、组织架构设置等，可参考第四章产品规划立项流程的内容。如果要与外部伙伴合作开发某项专业技术，也要提供相应的开发计划。

技术规划报告完成后即申请技术立项评审，除了评审负责人是技术委员会外，其他与产品立项评审类似，此处不再赘述。

（10）关于技术预研

另外，有些技术处于早期概念阶段，理论刚刚提出，技术路线尚不确定，短期内不具备技术开发和应用条件，针对这种技术一般来讲要先进行预研。技术预研主要是进行先期研究，输出专利，对关键技术进行实验验证，为将来参与技术标准制定和进行技术开发做好准备。技术预研一般瞄准未来五到十年，技术规划则聚焦未来三到五年。技术预研不属于技术开发流程范畴，本书不进行介绍。

6.3　技术开发流程概览

技术开发流程的目标是根据技术规划，分阶段完成技术开发，每个阶段按计划提交成果，通过技术委员会的阶段决策评审方可获得下阶段预算，继续开展下阶段技术开发工作，直至技术被顺利应用到产品中去。

产品管理模型中技术开发流程的位置如图6-6所示（虚线标记部分）。

进一步展开技术开发流程，可以看到流程内部的关键活动，如图6-7所示。

技术开发流程的关键要素如下。

① **流程的输入**：通过技术立项评审的技术规划报告。

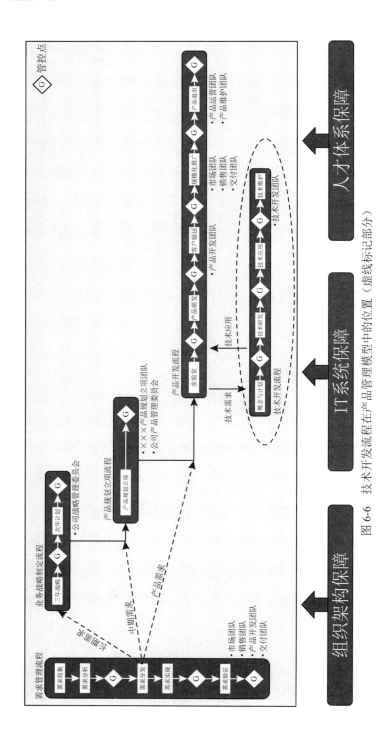

图 6-6 技术开发流程在产品管理模型中的位置（虚线标记部分）

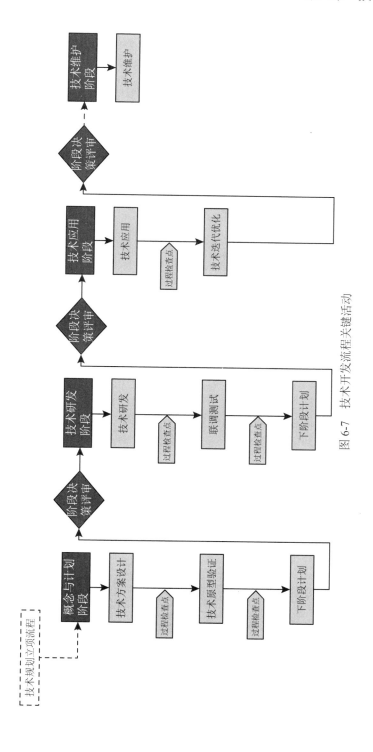

图 6-7 技术开发流程关键活动

② **流程关键活动**：技术开发流程分为概念与计划、技术研发、技术应用、技术维护四个阶段，本章主要聚焦前三个阶段。

③ **关键活动负责人**：技术开发团队负责完成各种专业技术的开发，并根据流程要求及时进行 TR 评审、DCP 评审汇报。到技术应用阶段，技术开发团队要与产品开发团队配合，将专业技术应用（有的企业叫迁移）到产品开发中去。

④ **阶段决策评审负责人**：每个阶段结束时，技术开发团队向技术委员会汇报——技术委员会的成员组成见第八章，进行 DCP 评审。

⑤ **流程的输出**：完成技术开发，技术投入应用。

与产品类似，技术也有成熟度，并在开发过程中不断提高，技术成熟度定义如表 6-8 所示。

表 6-8 技术成熟度定义

产品成熟度等级	产品成熟度描述
1	提出了技术概念
2	技术概念被论证可行
3	技术研发完成，关键功能通过测试和验证
4	技术在部分产品中进行应用，价值得到验证
5	技术应用规模进一步扩大，可靠性进一步提高
6	技术稳定成熟，可支撑大规模商业应用

接下来介绍技术开发流程每个阶段的关键活动。

6.4 概念与计划阶段

概念与计划阶段的目标是完成技术方案设计，完成技术原型验证，制订出详细的技术研发计划。这个阶段一般持续一两个月左右，主要由技术研发负责人、技术架构师和一两个技术研发骨干人员协同工作，工作过程中要多与产品负责人、产品研发负责人交流。

概念与计划阶段有以下关键活动。

（1）进一步明确需求

技术规划立项过程毕竟只有一个月左右，虽然对所有技术需求进行了结构化描述，但有些内容依然需要进一步明确。

在超棒人才案例中，技术规划报告中详细描述了简历转换器的技术开发需求（参见表6-5），但在技术研发项目启动后，当技术研发负责人在与产品负责人、产品研发负责人一起分析用户简历样板数据时，发现有些用户在填写"工作单位"字段时使用公司简称或产品名称，例如"美团"，实际上美团是三快科技旗下的一款平台型产品，所以需要对用户这种不规范的内容进行优化和补全，例如将"美团"自动补全为"北京三快在线科技有限公司（美团）"。同理，"学校""专业""工作岗位"等字段也存在类似问题。要解决这个问题，需要从市场上购买一些专业数据服务，升级技术平台的字典体系，供简历转换器使用。

所有需求经过进一步明确之后，需求就绪度达到95%，就可以制定详细的技术方案了。

（2）制定技术方案

现在需求已经非常确定了，这一步要把所有技术方案准备好。

技术架构师可视情况选择合适的系统设计方法，例如软件系统设计可采用五视图法。

① 逻辑架构：根据应用场景确定系统功能，划分功能模块。

② 开发架构：确定开发过程中的技术框架、开发工具、代码库配置、测试方法等方案。

③ 运行架构：确定系统运行时的并发、同步、通信等方案。

④ 物理架构：确定系统的安装、部署方案，应满足安全性、可扩展性等非功能需求。

⑤ 数据架构：确定数据的采集、传输、存储、同步等方案。

（3）验证技术原型

这一步主要利用技术原型对技术可行性进行验证，为下一步技术开发扫清障碍。此处主要由技术架构师和技术研发骨干人员搭建一个最小技术原型，验证技术应用是否走得通，不必过多关注质量问题。

超棒人才案例中，技术架构师根据技术方案用一周时间搭建了一个简历转换器技术原型，由技术研发人员模拟用户使用过程，用若干简历测试简历转换器，发现技术方案可行，于是确信此技术路线可以满足产品需求。

（4）制订技术研发计划

需求明确、方案确定是制订研发计划的前提，若需求模糊则无法给出方案，若没有方案则无法确定研发工作量，若工作量不确定则无法制订计划。

这一步要根据技术方案进行研发任务拆解，根据任务之间的依赖关系确定每项任务的先后顺序，再根据每项任务的工作量制订出详细的计划，最后为每项任务分配负责人。

此阶段 TR 评审主要关注技术方案及其可行性，如果存在无法攻克的技术问题要及早改变技术路线。DCP 评审主要关注技术回报，技术委员会根据技术原型验证、评估这项技术能在多大程度上提高产品开发效率、降低产品开发成本、增强公司核心竞争力，如果结果不乐观可终止此技术研发项目。

6.5　技术研发阶段

技术研发阶段的目标是根据技术方案，按照研发计划，高质量完成技术开发并做好技术应用准备。此阶段持续时间较长，一般为两个月以上，甚至可长达一两年。而且参与人员最多，技术研发工程师、测试工程师等一线工作人员都会参与到研发工作中来。

技术研发阶段有以下关键活动。

（1）完成技术研发

采用瀑布开发方法也好，敏捷开发方法也好，技术研发负责人要做好项目管理工作，一定要紧盯研发计划，密切关注技术研发进度和质量。

技术研发过程中要严格遵循技术方案，要谨慎引入新的框架或工具，避免因技术栈变动而带来新的不确定性。超棒人才在技术开发过程中就发生过类似问题，一名技术研发工程师认为技术方案中指定的框架版本太过陈旧，私自采用了最新开发者版本，结果出现不明原因的质量缺陷，无法通过联调测试，导致项目延期两周。技术研发一定要吸取这种教训。

（2）邀请产品研发负责人参与验证

当技术研发过程中有了新的阶段性成果时，要及时邀请产品研发负责人参与验证，看与产品的功能需求、非功能需求是否存在偏差，技术指标是否符合预期，及时发现偏差，积极进行整改，避免因问题发现不及时而导致返工。

超棒人才案例中，每当简历转换器的技术开发有了新成果，都会请产品团队拿一批简历样本数据进行测试，完成测试后，根据产品负责人的反馈（例如"籍贯"字段识别率偏低）定位问题，找出改进办法，直至技术开发成功。

（3）知识产权与标准管理

这个阶段还要注意及时提交知识产权申请（主要指发明专利）和相关标准认证，核心关键技术是创新型企业的命脉，任何时候都要重视。

（4）做好技术应用准备

技术开发完成之后最终要应用到产品中去，因此在技术研发阶段末期要做好技术应用准备。若技术是 SDK 形式，要将技术组件提交到技术平台，准备好说明文档和使用范例。若是 API 形式，则要将接口发布到技术平台，准备好接口说明和范例。二者都要遵守技术方案中物理架构的要求，确保安全性和可用性。

此阶段 TR 评审主要关注技术开发质量，及时发现各种质量问题，视影响程度大小确定优先级，进行整改。DCP 评审主要关注进度和成本，进度和成本偏差大于 15% 就要说明原因，按要求走项目变更流程。

6.6　技术应用阶段

技术应用阶段的目标是将开发完成的技术成果应用到产品中去。这个阶段相当于产品开发流程中的客户验证阶段和规模化推广阶段，是评估技术开发是否成功的重要环节，企业要格外重视。

技术研发阶段有以下关键活动。

（1）推动每个产品应用技术成果

如果技术应用者只是少数几款产品，最好逐个产品进行对接。由技术研发人员向产品研发人员详细介绍技术成果的应用方法以及效果，在产品研发人员应用过程中及时提供指导，确保技术应用成功。最后双方在技术应用验收报告上签字，完成一款产品的技术应用。

如果技术应用者数量庞大，则最好专门召开一次技术发布会，邀请相关产品线负责人、产品负责人参加，对技术特性进行说明。会议后各产品研发负责人制订技术应用计划，技术研发负责人按计划与各个产品对接，指导其完成技术应用。

超棒人才采用前一种方式，社招、校招两个产品分别用一周时间完成了技术应用验收工作。

（2）及时优化，及时扩容，不断提高技术成熟度

技术开发团队根据各产品团队在技术应用过程中的反馈，不断对技术进行优化，根据技术服务调用和响应情况评估是否需要扩容以提高可用性，不断提高技术成熟度。

超棒人才案例中，技术开发成果主要以 API 形式应用，以简历转换器为例，在技术应用阶段，技术研发负责人紧盯简历转换服务的性能及压力变化，连续三周对服务进行扩容，最后支持的简历并发数量稳定在 2000 左右，这项专业技术的应用才稳定下来。

此阶段 TR 评审主要关注技术应用是否顺畅、安全、可靠，根据出现的问题不断优化技术平台物理架构。DCP 评审主要关注技术应用效果，如使用此项专业技术的产品的用户对其评价如何、哪些产品指标得到改善、效果是否符合预期等。

6.7 技术维护阶段

技术维护阶段的目标是对已进入应用的专业技术按需进行优化、维护，直至技术生命周期结束。

当某项专业技术完成开发并投入应用，则意味着技术研发项目结束，此时技术开发团队大部分人员转向新的研发项目，此项专业技术的后续维护交给一两个工程师持续跟进，或者将所有专业技术委托给一个专门的技术团队维护。在技术管理体系建设初期，技术维护工作量不大，可以采用前者，由技术研发工程师边参与新技术研发项目，边维护老技术。但是当专业技术维护工作量越来越大，就要考虑切换到后者，由专人进行维护。

超棒人才通用技术开发部成立了一个技术维护组，一共不到十个人，负责收集技术开发需求，对所有技术组件或服务进行优化和维护。当然这个阶段的技术优化都是小范围的改善，如果是大范围升级改版就要进行技术规划，争取拿到新投资，启动新的技术研发项目。

6.8　技术开发流程效果评价

技术开发流程效果的评价与产品开发流程类似，只是无须考虑市场商业回报，重点评价要素如下。

① **按时完工比例**：进度和费用与计划的偏差小于 15% 的技术开发阶段（一般仅评估概念与计划、技术研发、技术应用三个阶段），视为按时完工。如果有变更且仅有一次变更，在变更后按计划完成的，也视为按时完工。

② **技术复用度**：一项专业技术被应用到的产品数量越多，技术复用度越高。

③ **应用达标比例**：技术应用之后产品开发效率提升情况达到预期的，视为应用达标。

超棒人才技术委员会在评估技术开发流程效果时，经过一段时间数据测算，认定产品开发效率整体提高了 60%，产品开发成本缩减了 50%。所以，技术开发流程在技术创新型企业中的效果是非常明显的。

第七章

需求管理流程

本书前面章节介绍了产品规划立项流程、产品开发流程和技术开发流程。产品规划立项流程主要完成市场洞察、客户痛点分析、产品和技术规划,产品开发流程和技术开发流程则根据产品规划完成产品和技术的开发。产品规划立项流程侧重宏观规划——"做什么、能带来什么回报",产品开发流程和技术开发流程侧重中观项目执行——"怎么做、如何进行阶段管控",本章要介绍的需求管理流程则侧重微观方案实现——"需求是什么、方案是什么、实现效果怎么样"。前三个流程关系到产品开发是否成功,需求管理流程则关系到能否赢得客户;前三个流程研究的是商业的本质,需求管理流程研究的是事物的本质。另外,需求管理流程应与产品开发流程、技术开发流程有机结合在一起,产品和技术的开发过程伴随着一个个具体需求的实现,而每个需求的实现也要以产品和技术的开发为载体,只不过产品开发流程、技术开发流程以产品、技术为管理对象,需求管理流程则以需求为管理对象。

需求管理流程的目标是对每个需求的全生命周期进行管理,从需求怎么收集、排序,到需求怎么分析、处理,再到需求怎么实现、验证,确保每个需求形成从"提出"到"解决"的端到端管理闭环。

与前三个流程相比,需求管理流程可能是 IPD 体系中特色最不鲜明的一个流程,因为很多企业可能不做产品规划和立项,也不对产品开发过程进行分阶段管控,但每个产品团队一定会做需求分析和处理,自然而然形成了各自的需求管理方法,所以对需求管理都不陌生,很多产品经理认为自己在需求管理方面没有问题。

但是,"会做"与"做得好"之间常常存在着巨大的差距,笔者接触过很多产品团队,发现其在需求管理方面经常出现各种问题:有的团队三四个月才查看一次客户反馈,需求处理不及时;有的团队从来不对客户的需求进行挖掘,收集的多是浅层次的需求;有的团队是客户怎么说就怎么做,很少思考是否有更好的方案;有的团队不重视客户验证,结果新特性发布之后有客户说产品方案不够合理……相比之下,IPD 体系需求管理流程在很多企业落地实践并取得了良好效果,说明此流程更为科学、合理，值得学习、借鉴。

本章先对需求管理的基本知识进行介绍，再讲解需求管理流程的关键活动。

7.1 需求管理基本知识

（1）需求与要求

"需求"是用户愿意付出一定成本以实现某种目的的需要。

"要求"是用户提出的认为可实现需求的一种具体的方案。

举个例子，在面对"解渴、补充水分"这个需求时，有些人的要求是"去超市买瓶纯净水喝"，有些人的要求则是"去咖啡厅喝咖啡"，需求一样，但要求不同。

所以，在分析需求时要注意识别哪些是要求，哪些是需求，有时用户提的是要求，我们要注意挖掘要求背后的需求，要求经常变化，但需求却是稳定的。

（2）需求产生的根源

人的欲望是无穷无尽的，只要人活着就会产生各种各样的需求。虽然现在人类生活水平与古代相比有巨大进步——普遍脱贫、社会安定、环境优美、居住条件改善、寿命延长、交通方便、科技发达、商品丰富……但人类的需求丝毫未见减少，甚至呈现爆发式增长趋势，只不过需求的层次有了显著提升，从追求吃饱穿暖的基本需求提升到追求自我价值实现的高级需求。

从广义上讲，需求源自用户对当前某个事物存在的让人痛苦的状况感到不满意并希望在自己可承担的成本范围内对其进行改进的愿望。所以需求的产生包括以下几个要素。

① **用户感受到了痛苦**：用户在使用一些产品服务或者处理一些事务时感觉到过程烦琐、难度大或成本高。人与人之间区别很大，有人安于现状，认为存在即合理，对一些事物感觉不到太多痛苦，但总有人觉得人生短暂，不应该容忍这些痛苦。这些感受到痛苦的用户是宝贵财富，他们推动了社会进步，推动了相关产品服务的出现。

② **用户对现状不满意**：只有用户对痛苦现状不满意才会对未来有所预期，如果用户感受到了痛苦但不认为这种状况可以改变，就只能选择继续忍受这些痛苦。例如蒸馒头，以前的老办法是每次蒸完馒头留一块老面以便下次把它掺到新面中发酵，如果没有人觉得这种办法操作麻烦、容易失败、效果不稳定，就不会推动酵母这种产品的出现。

③ **用户希望有所改进**：只有当用户希望有所改进时才会行动起来积极寻找解决方案。当一个细分市场中有越来越多的用户采取这种行动时，意味着这个市场进入了成长期。

④ **用户愿付出一定成本**：天下没有免费的午餐，如果用户不愿意为解决方案付出成本，或者愿意付出的成本大大低于产品服务的开发成本，说明在用户心中这个事物虽然让人痛苦，但还没有痛到要付出这么多成本去解决它的程度，或者此产品服务成熟度不高，超出了用户的可承受范围，需要提升性价比。

图 7-1 展示了需求的产生过程。

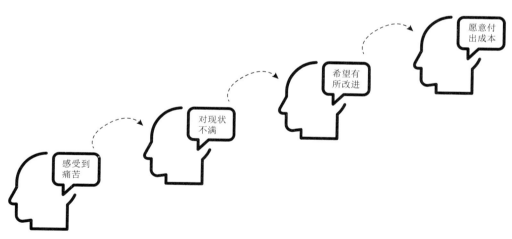

图 7-1 需求的产生过程

从狭义上看，对于 To B 业务，其需求源自企业客户不断推动业务发展的诉求。当今世界国家与国家之间尚且存在激烈的竞争，企业与企业之间的竞争形势更是不言而喻，如果企业不能持续发展，就不进则退，很快被市场淘汰。To B 需求的产生有以下特点。

① **客户需求转化为用户需求**：To B 需求首先表现为企业客户的需求，包括该企业的预期增长目标、当前存在的差距，以及将要采取的各种举措。然后企业客户需求会传递到各个部门，体现为部门 KPI（关键绩效指标），接着各部门负责人会对这些需求进行拆解，给部门员工分配任务，体现为员工 KPI。这样，企业客户需求最终转化为各岗位用户的需求，企业发展目标最终转化为各岗位用户的工作目标。

② **存在痛苦链**：在企业客户内部不仅仅是某一个岗位用户感受到痛苦，这种痛苦往往沿着组织架构上下延伸，导致多个岗位用户都感受到痛苦，形成一个痛苦链。痛苦链的作用在需求管理中有两个：一是痛苦链越长说明这个需求的影响范围越广，二是可以通过寻找痛苦的根源找到根本需求。图 7-2 是痛苦链示例。

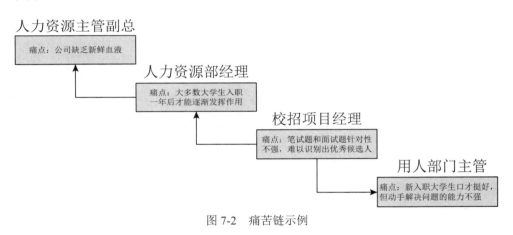

图 7-2　痛苦链示例

根据图 7-2，这个痛苦链涉及四个岗位用户，从用人部门主管到校招项目经理，到人力资源部经理，再到人力资源主管副总，各有各的痛点。进一步分析痛苦链，发现校招项目经理的痛点"笔面试题目针对性不强"是痛苦产生的根源，只要瞄准这个根本需求制定有针对性的解决方案，此痛苦链就能迎刃而解。

③ **需要平衡客户需求与用户需求**：如果客户需求过于苛刻，容易遭到用户抵制，这种情况下需要对客户需求和用户需求进行平衡，寻找折中方案。例如有的企业对会议室管理很严格，要求超时 5 分钟未签到即自动释放会议室，会议室

管理系统上线后很多员工反馈难以将会议开始时间限定在 5 分钟内，最后产品经理建议将时间延长到 15 分钟，客户和用户都表示满意，问题得到了解决。

综上，To B 业务在处理需求时要注意以上特点，避免简单化处理。

（3）真需求和伪需求

伪需求是指用户嘴上说需要但实际上可有可无的需求，是弱需求。真需求则是用户真实存在且迫切希望解决的需求，是强需求。

举个例子，某大学有学生在学校论坛发帖，说有时候下课之后想吃水果，但去学校外面买水果又很麻烦。有商家觉得这里面有商机，找来很多学生进行调研，发现确实大部分学生都支持论坛中的观点。于是商家想出了一个方案，学生从手机上下单，商家接到订单后半小时将水果送到宿舍，学生们纷纷叫好。后来商家将此方案付诸实施，却发现下单的学生寥寥无几，商家百思不得其解，又找学生调研，这时很多学生说"你家水果的种类、品质和价格跟别家的没有差别，我手机下单后还要在宿舍等半小时，不如走几分钟去校门口水果摊上直接买。而且宿舍管理越来越严，宿管人员不让送货员进入宿舍大楼，我还要下楼取，真的麻烦"，商家表示无奈。这种需求就是典型的伪需求。

因此，在收集需求时要注意识别哪些是真需求，哪些是伪需求。

（4）需求的分类

客户需求是多种多样的，为了更好地响应客户需求，我们需要对其进行分类管理，常见的需求分类见表 7-1。

表 7-1　常见的需求分类

需求分类	示例
价格需求	"你们价格有月包和年包，一个太短一个太长，能不能推出一个半年包"
市场需求	"我刚刚在网上看到你们有个市场活动，我想问问怎么报名参加"
销售需求	"我看你们有款产品支持以旧换新，旧的是别人家品牌也可以吧"
产品需求	"我希望增加一个功能：录入关键词后下方自动列出一些推荐项"
项目需求	"我们公司有个特殊需求，希望增加一个模块，实现党建工作管理"
交付需求	"前几天产品培训之后，很多人反馈问题，找个时间来答疑吧"
服务需求	"我的账号不知什么原因无法登录系统，请帮我查查具体怎么回事"
运营需求	"我刚刚花了 200 积分推广我的帖子，为什么手机第一屏没有看到"

在需求管理过程中，所有需求都可录入同一个需求管理系统，由系统根据既定规则将不同类型的需求转发给负责部门进行下一步响应，例如，对于产品需求，就要根据具体产品名称转发给相应的产品团队。

本书主要聚焦产品需求，产品需求又可以进一步分类，如表 7-2 所示。

表 7-2　产品需求的进一步分类

需求分类	说明
功能性需求	产品功能完整、好用、易用
集成性需求	产品可集成外部其他产品服务
安全性需求	通信安全和数据安全等符合要求
可用性需求	并发数量和响应速度等符合要求
可维护性需求	产品容易维护、可按需升级

表 7-2 中的产品需求分类可以帮助我们把握需求的完整性。

（5）需求的分层

为了评估客户需求的重要程度，我们把需求分为几个层级，需求分层模型如图 7-3 所示。

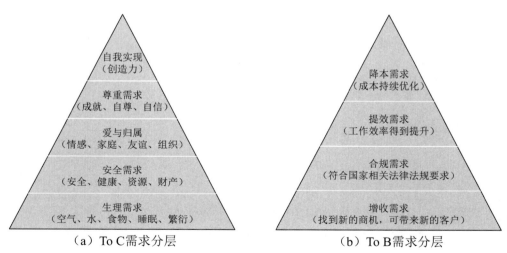

（a）To C需求分层　　　　　（b）To B需求分层

图 7-3　需求分层模型

图 7-3（a）是 To C 需求分层模型，根据美国心理学家马斯洛（Abraham H. Maslow）提出的需求层次理论绘制，该理论认为任何人都有图 7-3（a）中的五

个层次的需求，下方需求层次低，上方需求层次高，需求层次越低则力量越大，只有当低层次需求得到满足之后才会考虑高层次需求。例如，一个人只有吃饱穿暖并拥有一定财产之后，才会考虑娶妻生子问题。

图7-3（b）是 To B 需求分层模型，此模型是从企业客户视角划分需求的层级：首先增收需求是最重要的，关系到企业的生存发展；其次合规需求也很重要，不合规意味着对很多客户项目没有投标资格；接下来是提效需求，工作效率提升自然会带动企业经营向好；最后是降本需求，当然企业运营成本很难降低，所以其优先级较低。

需求分层模型可以帮助我们分析客户和用户当前阶段的主要诉求是什么，以便更好地评估哪些需求是客户最关注的。

（6）需求价值的评估维度

在分析需求的时候，一项关键任务是评估需求的价值，从而确定需求优先级，即先实现哪个需求、后实现哪个需求。一般来讲先实现价值高的需求、后实现价值低的需求。

有的企业使用重要度、紧急度两个维度来确定需求优先级，先做既重要又紧急的需求，再做重要但不紧急的需求，再根据资源情况做紧急但不重要的需求，最后做不重要也不紧急的需求，其模型如图7-4所示。

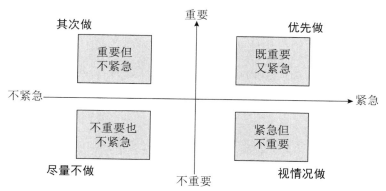

图 7-4　重要度与紧急度优先级模型

但图7-4的模型过于简单，有时仅用重要度和紧急度很难对众多需求的优先级进行排序。

有的企业用 KANO（卡诺）模型来对需求优先级进行排序，该模型由日本教授狩野纪昭（Noriaki Kano）提出，它将产品具备不具备某种特性与客户满意不满意联系起来，从而确定需求属于哪种类型：如果具备此特性客户满意度不会提升，不具备此特性客户满意度会大幅降低，那它是基本需求，必须要满足；如果具备此特性客户满意度会提升，不具备此特性客户满意度会降低，那它是期望需求，最好要满足；如果不具备此特性客户满意度不会降低，具备此特性客户满意度会大幅提升，那它是超出客户认知的兴奋需求，满足这类需求将形成独特竞争力。从优先级顺序上，应优先满足基本需求，接着满足期望需求，最后满足兴奋需求。KANO 模型中还有无差异需求（满不满足皆可）和反向需求（满足了反而不妙），此处忽略。KANO 模型如图 7-5 所示。

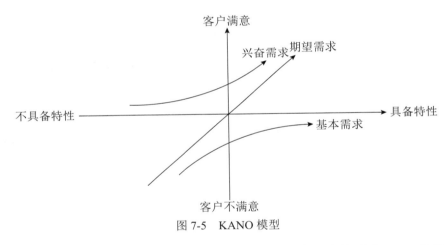

图 7-5　KANO 模型

KANO 模型主要关注客户对产品特性的直觉反应，比较适合 To C 业务。而 To B 业务相关因素较多，笔者建议采用十维度模型来评估需求的价值，如表 7-3 所示。

表 7-3　To B 需求价值评估十维度模型

序号	需求价值评估维度	说明
1	需求普遍程度	是不是很多客户有这个需求
2	用户关键程度	提出此需求的用户是否是关键岗位用户
3	用户痛苦程度	用户是极其痛苦，还是一般痛苦，或是可以忍受

续表

序号	需求价值评估维度	说明
4	痛苦发生频度	这个痛苦多久发生一次？每年、每月、每周还是每天
5	痛苦影响范围	这个痛苦链有多长，对客户业务影响有多大
6	带动其他需求可能性	满足此需求，是否对带动其他价值需求有帮助
7	研发工作量大小	满足此需求，需要多少研发工作量
8	形成产品亮点可能性	满足此需求，是否可包装成产品的一个亮点
9	商业回报大小	是否可形成客户需要付费才可使用的功能模块
10	战控能力贡献大小	满足此需求，是否有助于提升公司战控能力

表 7-3 共有 10 个维度，每个维度 10 分，一共 100 分。日常工作中可用此模型对每个需求打分，按分值大小确定开发优先级，分值高的先开发，分值低的后开发。

（7）需求的场景化描述

客户提出的原始需求可能只是一句话，企业在分析过程中要把需求补充完整，以便所有人员对需求的理解正确、准确、无歧义。笔者建议采用场景化描述方法，其模板如表 7-4 所示。

表 7-4 需求的场景化描述模板

序号	需求描述维度	说明
1	场景	业务场景是什么？目的是什么？过程中使用什么产品
2	用户	用户是谁？属于哪个部门？是什么角色？职责是什么
3	目标	用户要完成什么任务？完成有什么好处？不完成有什么坏处
4	环境	工作场所在哪儿？需要具备什么条件？初始输入是什么
5	步骤	完成任务需要哪些操作步骤？每一步的输入是什么，输出是什么，对质量的要求是什么？跟周围什么角色有交互，交互什么
6	痛点	哪些步骤进展顺利？哪些步骤遇到问题？具体是什么问题？这个问题普遍吗
7	解决方案	用户当前是怎么解决痛点的？用自己研究的小工具、琢磨的"土办法"、别人说的更好的办法？还是无法解决只能忍受
8	结果	用户任务完成得怎么样？效率、成本和质量如何？用户自我感觉如何

序号	需求描述维度	说明
9	期望	用户认为哪些必须要改进（基本需求）？哪些最好能改进（期望需求）用户期望如何改进（只是了解用户诉求，未必采纳用户提出的方案）
10	改进预期	用户认为如何衡量改进效果？具体用什么指标？指标如何计算？这个指标当前值是多少？期望提升到多少

采用表 7-4 的模板可以把需求产生的前因后果描述得很详细，可有效帮助产品人员和研发人员准确理解和把握需求。

（8）需求分析的标准

需求分析是需求管理的核心环节，需求分析怎样才算做得好？这里给出四条标准。

① **需求分析的完整性**：做需求分析时不仅要采用场景化方式完整描述需求，还要进一步调研各个相关岗位的用户需求，确保需求没有遗漏。制定解决方案时要注意两点：第一，对于功能性需求，要征求用户的意见和建议，评估方案是否考虑全面，是否可解决业务痛点；第二，对于非功能性需求，要与研发人员深入交流，明确产品功能的可用性、安全性和可维护性等目标。

② **需求分析的一致性**：需求与需求之间不可互相冲突，应保持一致。例如，需求 1 是"采集数据时精确到厘米"，需求 2 是"统计数据时精确到毫米"，这两条需求就是互相冲突的，应进一步明确需求，确保对精确程度的要求一致。

③ **需求方案的可实现性**：当针对需求提出解决方案（下文简称需求方案）后，产品负责人要与研发负责人确认此方案可采用当前技术实现，而不是无法完成的超前方案。

④ **需求方案的可验证性**：需求方案实现后，其效果应是可验证的。通过对应用产品的客户和用户进行调研，验证之前提到的业务痛点是否得到解决，评估业务改进效果是否达到预期。

7.2 需求管理流程概览

产品管理模型中需求管理流程的位置如图 7-6 所示（虚线标记部分）。

进一步展开需求管理流程，可以看到流程内部的关键活动，如图 7-7 所示。

需求管理流程的关键要素如下。

① **流程的输入**：源源不断的客户需求是驱动需求管理流程运转的根本动力。要注意需求收集有两种方式：第一种是产品团队主动收集需求，主要是在业务战略制定和产品规划过程中集中进行市场和客户需求调研；第二种是客户主动反馈需求，主要是产品上市后，客户在使用产品时遇到问题向企业提交的反馈和需求。

② **流程关键活动**：流程共分为五个阶段，首先是需求收集阶段，通过各种途径全面收集市场和客户的需求，完成需求提交；其次是需求分析阶段，结合业务场景对需求进行拆分、合并，判断需求的价值，提出解决方案，评估实现可行性，设定需求优先级；再次是需求分发阶段，结合产品版本规划，按优先级将需求安排到各产品版本计划中，形成产品版本需求池；然后是需求实现阶段，结合产品版本计划及时完成产品方案设计，实现产品功能的研发；最后是需求验证阶段，邀请客户体验产品新特性，验证业务痛点是否得到有效解决，若无问题则发布产品新版本，并对需求进行关闭处理。当然，与前面流程类似，需求管理流程的关键活动和过程检查点是可以裁剪的。

③ **关键活动负责人**：根据图 7-7，需求收集阶段企业全员都要参与，后续四个阶段则主要由产品开发团队或技术开发团队（下文简称产研开发团队）完成。具体来讲，在需求规划评审之前以产品人员为主推进工作，在需求规划评审之后以研发人员为主推进工作，需求验证阶段则主要由产品人员负责。

④ **TR 评审负责人**：图 7-7 中有若干过程检查点和需求规划评审、需求实现评审等 TR 评审点，由产研开发团队邀请合适的业务专家或技术专家参加。值得注意的是，与前面介绍过的流程不同，需求管理流程中没有设置 DCP 评审点，因为产品委员会通过产品开发流程的 DCP 评审即可了解整个产品开发的进展情况，不必关注每个需求的分析处理细节。不过如果需求管理过程中出现重大分歧——例如对两个需求方案难以取舍，可上升至产品委员会进行决策。

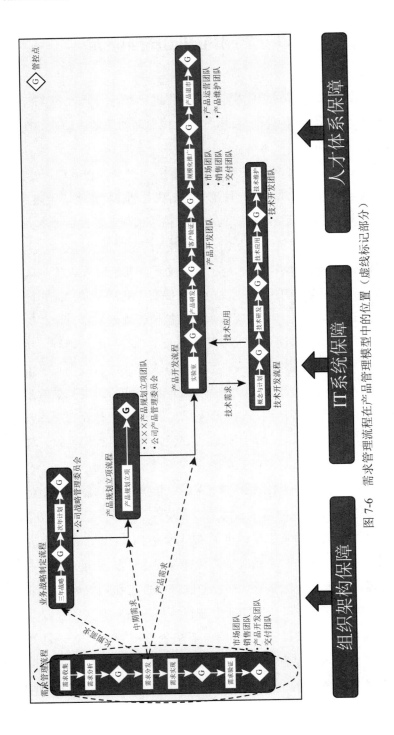

图 7-6　需求管理流程在产品管理模型中的位置（虚线标记部分）

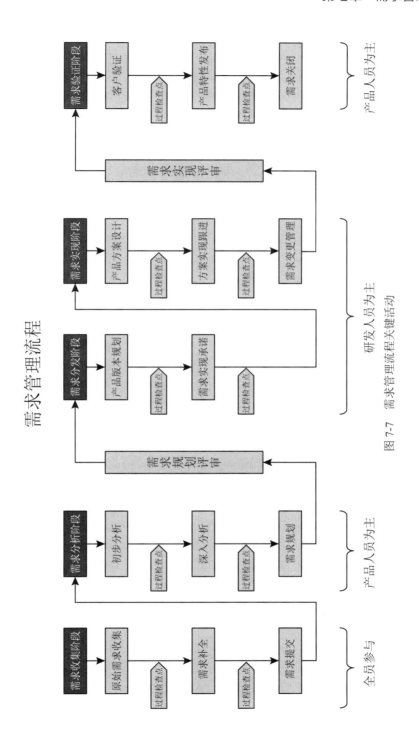

图 7-7　需求管理流程关键活动

⑤ **流程的输出：** 需求方案研发完成，产品特性发布，此条需求关闭。

综上，需求管理流程是一个非常基础的作业管理流程，通过全员及时收集客户需求，驱动产研开发团队进行需求的分析、处理，将价值需求转化成产品特性研发任务，不断提升产品的核心竞争力。因此，这个流程基本在产研开发团队内部运转，而不像产品开发流程、技术开发流程那样需要向产品委员会汇报阶段进展。

另外，需求管理过程中有很多细节需要规范处理，需求的"状态"就是其中之一。需求管理流程很长，需求数量非常多，所以要对需求的状态进行清晰的定义，以降低沟通成本。需求状态的分类可粗可细，由企业结合自身实际情况确定。超棒人才的需求状态定义如表 7-5 所示。

表 7-5　超棒人才需求状态定义

需求状态	说明
已录入	已完成客户原始需求录入
已补全	已采用场景化描述方法将客户需求补充完整
已初步评估	已评估需求内容是否符合要求： ①对于不合格的需求，退回至需求收集人处进行补全； ②对于合格需求，接纳之后视情况进行拆分、合并，接着评估需求的价值和优先级
已完成分析	已对需求进行分析，提出了解决方案，对方案可行性进行了评估
已规划	已完成研发工作量评估，需求被纳入指定产品版本需求池
已实现	需求所属的产品版本已完成研发
已变更	需求方案需要调整，已完成变更
已验证	需求方案已通过客户验证
已关闭	需求所属的产品版本已发布，此需求关闭

接下来介绍需求管理流程每个阶段的关键活动。

7.3　需求的收集

需求收集的目标是及时、全面、完整地收集客户需求、市场需求和竞争需求。客户需求是指具体客户提出的需求，市场需求是市场中出现的关系到产品发展的需求，竞争需求是为了应对竞争对手最新变化而提出的需求。

要确保需求收集的及时性、全面性和完整性，企业应将需求收集确定为一项关键任务，不断完善需求收集渠道，组织相关部门共同开展工作。

一般来讲，需求收集渠道有以下几种。

（1）通过客户、用户访谈收集需求

在销售阶段销售人员离客户最近，在项目交付阶段交付人员离客户最近，因此这两类员工可随时了解客户的想法，收集客户的需求。这里要注意区分客户需求和用户需求，客户需求与客户企业制定的举措有关，其目标往往是提高企业某方面的运营效率；用户需求是具体岗位用户结合自身工作职责提出的需求，其目标一般是提高工作效率或降低工作难度。

以上两类人员收集的多是碎片化需求，有时产研开发团队希望更系统、更全面地了解客户需求，这种情况下建议使用一对一访谈法，即一个产品开发团队访谈一个用户。虽然焦点小组访谈法（也称小型座谈会）能一次将多个用户组织到一起进行集中访谈，貌似效率更高，但往往效果不尽人意，因为总有人夸夸其谈、滔滔不绝，导致其他人不愿当场发表不同观点，影响访谈效果。而一对一访谈法每次只访谈一个用户，用户能充分表达想法和意见。当然，一对一访谈要想取得好的效果，开发团队要提前做好充分准备，包括明确访谈对象、设计访谈提纲、策划访谈过程等。在访谈过程中要注意引导用户多说，避免产品经理自卖自夸。在访谈中还要多观察用户的言谈举止，判断用户说的话与其内心想法是否一致，因为人的语言表达一般只占全部信息表达的7%左右，其他信息需要通过听语气和观察身体语言来获得。

企业要鼓励产研团队多和客户交流，这样才能确保产品始终围绕客户需求进行开发，不断构筑产品竞争力。此处"产研团队"不仅指产品人员，研发人员也要多去客户现场，深入了解系统的运行环境和约束条件，才能更好地进行产品架构设计。超棒人才甚至出台了一项制度，产品负责人和研发负责人每个季度至少要深度访谈一家客户、每家客户至少调研五个用户。

（2）通过竞品跟踪收集需求

为了保持产品竞争力，市场人员和产品团队要通过各种渠道（包括但不限于行业展会、产品推介会、产品宣传视频、产品说明书、产品下载试用）时刻关注各竞争对手的最新动向。

当得知竞争对手发布了新产品时，除了通过公开渠道了解竞品信息外，市场人员和产品团队更要和销售团队紧密配合，了解是否有客户购买了此产品，通过线下拜访客户、亲自体验竞品的最新特性，了解客户对竞品的看法，评估竞品对公司产品的威胁，识别竞争性需求。

（3）通过市场调研收集需求

企业中高层管理人员要重视高层次市场需求的收集，例如客户未来的战略布局、政府对产业转型升级的政策导向、行业协会对未来重点工作的规划、标准管理组织对标准体系发展趋势的展望等。一般员工很难接触到这种高层次需求情报，需要企业高管定期跟进。

至于一般层次市场需求的收集，第三章曾提到过，可在各地区分支机构设置产品市场专员，随时收集可能影响本地区产品市场发展的相关需求。

（4）来自企业内部的需求

很多时候需求来自企业内部部门，例如解决方案部要将几个产品整合成一个新的解决方案，那么这几个产品就要承接相关需求。再例如，在一个客服工单系统中，客户除了对 A 产品提出质量缺陷反馈，还对 B 产品提出新的建议，这些建议要当作需求传达给 B 产品团队。

无论通过哪个渠道收集需求，需求收集人首先要完成对原始需求的记录，要注意保持需求提出人原汁原味的描述，不要根据自己的理解进行改编，有时改动几个字就可能与客户的意图有很大的出入。

在完成原始需求收集之后，需求收集人要按照场景化描述方法的要求，对需求内容进行补充、完善，在此过程中需求收集人要与需求提出人反复沟通、确认，明确每个需求的前因后果，有时会排除很多伪需求。

完成需求补全之后，这个需求就可以正式提交到需求管理系统了。系统会根据需求描述中提及的产品自动对需求进行分类、转发，相关产研开发团队就能看到这个需求。对于一些前瞻性的、当前尚无对应产品的需求，系统会将其视为中长期需求，转发到市场管理部门。

综上所述，需求收集阶段关键点有两个：第一是发动全员广泛收集需求，一定要多亲近客户、亲近市场，事实证明，远离客户、远离市场的产品是很难取得成功的；第二是要场景化地、完整地描述需求，需求收集阶段把工作做得细致一些，后续的需求沟通成本将会大大降低。根据超棒人才的实践经验，以前使用"一句话"或"一段话"描述需求，需求收集有效率只有40%～50%，有一半需求因缺少必要信息不得不被丢弃。在采用场景化描述方法之后，需求收集有效率提高到70%～80%，效果非常明显。

7.4　需求的分析

需求分析环节的目标是发掘高价值需求，制定出可行的、有竞争力的解决方案，并对需求实现进行规划。需求主管和需求分析师是这个阶段的主要负责人。

（1）进行初步评估，发掘高价值需求

当需求收集人完成需求提交之后，产品团队就可以在需求管理系统中看到所有提交给本产品的需求，面对数以百计、各式各样的需求，需求分析师的首要任务是对每个需求进行研判，根据不同情况做出对应处理。一般来讲，需求的处理方式有以下五种。

① **退回需求**：有两种情况需要对需求进行退回处理：第一种是需求描述不完整，这时要退回需求收集人，让其按场景化描述方法进行补全；第二种是产品已具备此特性，但客户不太了解最新情况，此时需求分析师要进行回复，说明产品哪个版本哪个功能可以实现此需求，以及具体操作步骤。出现第二种情况说明产品推广力度不够，或者产品功能藏得太深，产品团队要加强营销或优化产品功能。

② **拒绝需求**：有的需求与法律法规相违背，有的需求不符合产品规划方向，需要对这些需求进行拒绝，并说明拒绝原因。如果访谈过程中客户直接提出不合

理需求，产品负责人要注意引导客户。产品团队不仅要善于接纳高价值需求，也要勇于拒绝不合理需求，资源是有限的，要把研发资源投入到高价值需求上。

③ **接纳需求**：对于符合产品规划方向并且场景化描述清晰完整的需求，要进行接纳。接纳后需求分析师要使用十维度模型评估需求的价值，根据需求价值设定其优先级，以便为后续需求规划做好准备。

④ **合并需求**：接纳的需求中有时存在很多重复需求，重复数量越多说明客户越重视，说明这是一个有价值的、通用的需求。对于这种需求要进行合并，当作一条需求处理，避免浪费人力物力。

⑤ **拆分需求**：接纳的需求中如有涉及范围太广，甚至横跨多个业务场景的需求，要对这种需求进行拆分处理，按照业务场景将其拆分为几个粒度合适的需求，否则不利于后续需求规划。

以上五种处理方式中"需求拆分"至关重要，如果需求过于复杂将产生很多工作量，导致一个迭代周期难以完成研发。拆分时需求粒度控制在多大合适？用一句话描述就是"面向一个用户提供一个小的、完整的价值"，具体可借鉴敏捷开发方法的 INVEST 原则。

① Independent（**独立性**）：每个需求必须是独立的，一个需求的实现不应依赖其他需求的实现。

② Negotiable（**可协商性**）：需求不是条条框框、生硬死板的要求，产品团队要挖掘需求的本质，提出更好的解决方案。

③ Valuable（**有价值**）：需求方案能为用户提供实际的价值。

④ Estimable（**可估算**）：需求方案的研发工作量可以估算。

⑤ Small（**小型**）：需求要足够小，确保在一个迭代周期内研发完成。

⑥ Testable（**可测试**）：需求方案是可测试、可验证的。

在超棒人才案例中，曾有一条需求是："校园大使可按学校、专业、实习经历等字段对投递简历进行筛选，并可给选中的简历贴上自定义标签"。需求分析师认为其过于复杂，后来将此需求拆分成两条，第一条是"校园大使可按学校、专业、实习经历等字段对投递简历进行筛选"，第二条是"校园大使可给简历贴上自定义标签"，最终分别通过两个迭代完成研发。

（2）进行深入分析，制定解决方案

需求初步评估完成后，我们得到一个按优先级排序的需求列表，接下来要对高优先级的价值需求进行深入分析，找出解决方案。需要注意的是，需求方案是渐进清晰的，在需求分析阶段只要将解决方案描述清晰即可，可利用文档、流程图、低保真原型等简单工具进行方案沟通，目的是引导产品开发团队对需求方案达成共识、评估研发工作量，等进入需求实现阶段再对方案进行细化、深化。

需求分析是一项烦琐但又需要具备创新性的工作，其本质是明确当前问题、找出解决方案，需要深入研究客户现有业务的开展过程，摸清每一个业务节点的输入、输出和处理过程，然后结合产品规划报告提出的价值主张，思考改进方向是优化整个业务流程，还是提升某些节点的处理效率，或是二者结合。此处可使用业务流程思考模型进行分析，如图 7-8 所示。

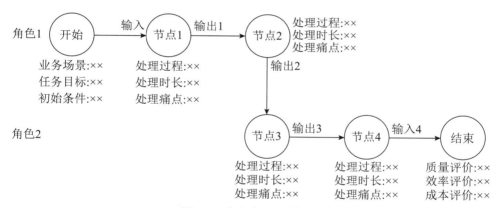

图 7-8 业务流程思考模型

根据图 7-8，整个业务流程的开始有任务目标和初始条件，结束有质量评价、效率评价和成本评价，每个节点有输入、输出、处理过程、处理时长和痛点，可有效帮助需求分析师厘清当前问题，思考解决方案。有些产品团队习惯使用用户旅程地图方法进行分析，互联网上有很多相关资料，此处不再赘述。

另外，产品成熟度不同，需求分析工作重点也有所不同，具体可分为两种情况。

第一种情况是如果面对一个成熟产品，需求往往是零散的，有些需求针对这一个模块，有些需求针对另一个模块，需求与需求之间的相关性不一定非常强，此时需求分析工作的重点是在产品已有功能的基础上进行微创新。

每当制定一个新的需求方案时，要思考以下问题。

① 新方案的流程是什么？是否符合用户使用习惯？业界是否有可参考借鉴的案例？

② 新方案流程与哪些产品已有流程相关？

③ 对于每个产品已有流程，新方案流程如何与其衔接？要对已有流程做哪些改动？

超棒人才案例中，曾有一条需求："支持手机扫码登录电脑端应用"。这个需求方案对手机端和电脑端都有影响，需求分析师借鉴业界成熟案例，绘制了手机端扫码流程和电脑端登录流程，如图 7-9 所示，产品开发团队很快对此需求方案达成了共识。

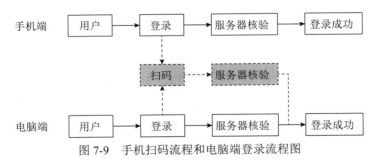

图 7-9　手机扫码流程和电脑端登录流程图

第二种情况是如果面对一个新产品，不仅需求数量多，而且需求与需求之间往往是强相关的，则要对需求方案进行全面、系统的描述，形成概要设计——这部分内容在产品开发流程实验室阶段进行过简单介绍。从工作组织方式上，一般由需求主管负责总体方案的制定，每个需求分析师负责一个单独产品模块方案的制定。

制定总体方案时，要根据产品规划报告中提出的理想场景，对相关内容进行深化、细化，这对需求分析人员的系统设计能力要求较高，下面给出几个示例。

① **业务建模**：可用 ER 图（Entity Relationship Diagram，实体关系图）描述所有业务对象及其关系，这样不仅完成了业务模型梳理，同时也形成了数据模型。图 7-10 是超棒人才校招产品中大学生用户与简历的 ER 图。

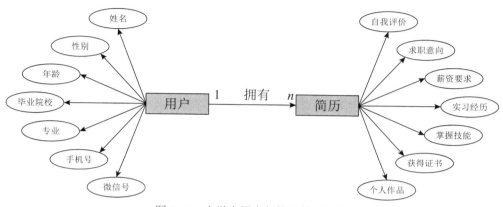

图 7-10　大学生用户与简历的 ER 图

② **功能定义**：ER 图主要是描述业务对象的静态属性，但业务对象是不断变化的，产品系统的本质就是对业务对象进行加工和改变。为了更清晰地描述产品的动态业务特性，要把业务对象的各种状态定义出来，把改变业务对象的功能定义出来，把实现功能的工具抽象出来。超棒人才校招产品功能定义示例参见图 7-11。

图 7-11 中描述了大学生用户是如何一步一步转化成一个待入职员工的，其中矩形实线框中是用户状态变化，椭圆框是产品功能——采用动宾短语描述，矩形虚线框是抽象出来的工具。当然图 7-11 只是一种表现形式，实际工作中也可采用表格等工具。

③ **模块划分**：复杂产品的模块划分也是一件充满挑战的工作，大家都知道模块划分的原则是高内聚、低耦合，但具体如何操作？笔者建议采用美国爱德华·克劳利（Edward Crawley）在《系统架构：复杂系统的产品设计与开发》一书中提出的"两下一上"方法，如图 7-12 所示。

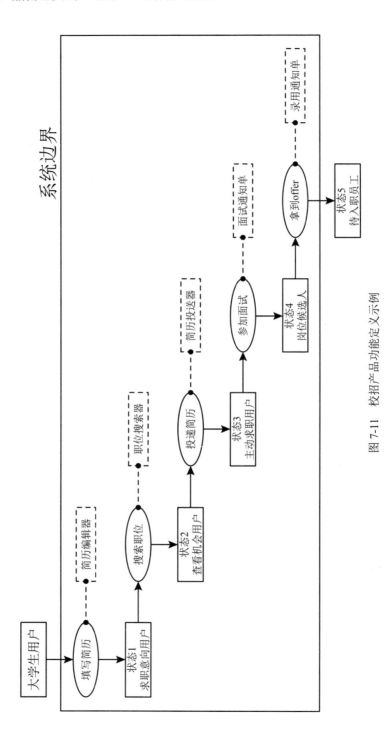

图 7-11 校招产品功能定义示例

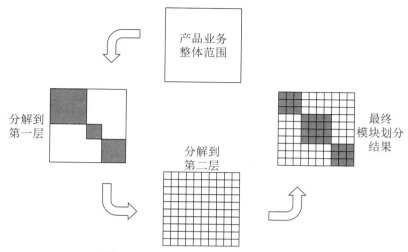

图 7-12　模块划分的"两下一上"方法

根据图 7-12，要合理划分产品模块，不能只分解到第一层功能，要继续往下分解到第二层子功能，对子功能之间的业务交互情况进行分析，将交互关系密切的子功能聚类成一个模块，通过不断调整、评估，最终完成模块的划分。

④ **可配置性设计**：为了提高产品的灵活性，需要对产品的可配置性进行设计，以便产品可以满足客户的个性化需求。产品的可配置性一般体现在以下几个方面。

a. 数据可配置性：支持客户定义数据结构。

b. 功能可配置性：支持客户配置功能特性。

c. UI（User Interface，用户界面）可配置性：支持客户定制界面风格。

d. 业务流程可配置性：支持客户定制个性化流程。

e. 业务规则可配置性：支持客户定义业务处理规则。

总之，需求分析是与产品价值创新关系最密切的环节，企业要格外重视。在完成需求分析之后就要进行需求规划，推动需求方案进入实现环节。

（3）**进行需求规划**

需求规划是需求管理流程中一个规模较大的 TR 评审环节，由产品负责人、需求主管、研发负责人和核心研发骨干人员一起参与。首先由需求主管介绍近期完成的高优先级需求方案，提出研发排期建议和期望的发布时间，有的企业把这个环节叫作"交底"。然后研发负责人和核心研发骨干人员评估每个需求方案的可行性和工作量，根据需求相关性和工作量将各个需求方案安排到各个迭代计划中。有的团队为了确保需求传递准确、无歧义，还安排了一个"反交底"环节，即请研发人员向产品人员重新讲述一遍需求方案，确保对需求的理解一致。

7.5　需求的分发

需求规划完成之后，每个价值需求被纳入相应的迭代计划，进入对应的迭代需求池，等待研发启动。整个需求分发的过程如图 7-13 所示。

图 7-13 通过三次迭代完成一个产品版本的研发，这在 To B 软件研发中很常见，很多企业的产品研发节奏是每个月完成一个迭代，每个季度发布一个产品新版本。

图 7-13 中也包含了中长期需求，对于有一定价值但当前暂时不在产品规划范围内的中长期需求，在需求分析时也要对其解决方案和优先级提出建议，然后将其转入"中长期需求池"。为了避免这些需求自此被束之高阁、无人问津，产品团队要每季度对中长期需求池进行交流、研讨，评估哪些需求可进入产品规划、启动研发。

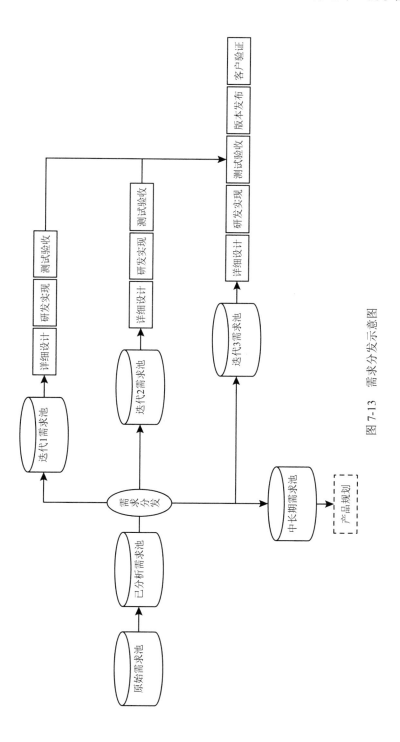

图 7-13　需求分发示意图

7.6 需求的实现

产品需求的实现过程对应着产品开发流程中的研发阶段，每个迭代都是一个小的产品研发项目，各种人员纷纷参与到研发工作中来，具体人员如下。

① **产品负责人**：参与产品设计评审，参与需求实现评审，组织客户验证。

② **需求主管**：制定需求方案，指导产品设计，研发完成后进行验收。

③ **产品设计师（包含需求分析师）**：细化、深化需求方案，完成各模块功能详细设计。

④ **视觉交互设计师**：根据需求方案完成视觉设计和交互设计。

⑤ **系统架构师**：根据需求方案，细化、深化系统架构，制定产品研发规范。

⑥ **产品研发工程师**：根据需求方案，按照研发规范完成产品研发任务。

⑦ **测试工程师**：根据需求方案准备测试用例，完成功能测试，确保产品质量。

⑧ **配置管理工程师**：识别配置项并进行基线管理，确保配置项的完整性和正确性资产。

⑨ **研发负责人**：协调研发资源，分配研发任务，把控研发质量和进度。

之所以将产品设计师和需求分析师分开，是因为在一些复杂业务中需求分析师仅负责分析业务需求、制定解决方案，这些需求分析师大多是业务人员出身，不掌握产品功能设计技能，因此要配备专门的产品设计师来完成功能设计工作。

从产品设计工作内容的角度来看，整个产品开发流程中产品设计随着业务需求的细化而不断细化：产品规划立项流程中业务需求主要聚焦业务全景粒度，此时产品设计是产品概念定义；产品开发流程实验室阶段业务需求主要聚焦业务流程粒度，此时产品设计是产品概要设计（架构设计）；而产品研发阶段业务需求主要聚焦业务场景粒度，此时产品设计是产品详细设计（功能设计）。产品设计与业务需求的对应关系如图 7-14 所示。

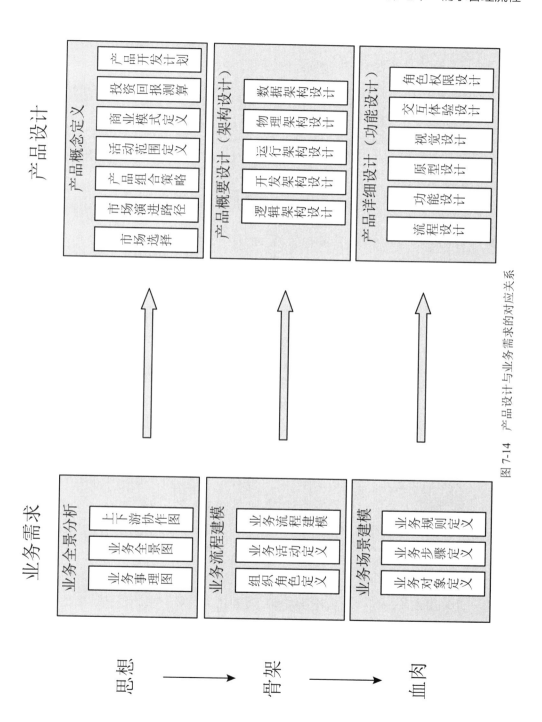

图7-14 产品设计与业务需求的对应关系

需求实现的过程是产品不断创新的过程，第四章曾提到，"整个产品开发过程有两大难点，一个是市场细分选择，另一个是产品方案设计"。尤其对于新产品开发，产品团队要根据产品概念定义和概要设计，综合考虑所有关键客户需求，形成一个完整的、详细的、有创造性的产品方案，这项工作挑战很大，因此如何有效进行产品创新是一个关键成功要素。根据业界实践，可参考以下几种实用的创新方法。

① **实地观察法**：此方法是走到用户实际工作场景中进行细致观察，发现存在的具体问题，找出解决方案。用户对于工作中的很多不便可能习以为常，产品经理作为旁观者更容易发现问题，从而提出合理方案。

② **与领先客户共创**：行业中领先客户的业务成熟，思想先进，更有创新能力，因此可与领先客户共创，打造行业领先的产品方案。

③ **借鉴领先行业做法**：不同行业的数字化程度差异很大，先进行业积累的经验更多，落后行业可充分借鉴先进行业的做法，例如建筑行业可向机械行业学习。

④ **技术预见法**：此方法适合技术密集型行业，可通过邀请领域专家针对技术发展趋势进行交流、研讨，结合对论文、专利、标准等文献的分析、统计，制定出未来技术路线，进行技术预研，提高技术竞争力。需要注意的是，此方法投入较大、周期较长。

⑤ **激发员工创意**："三个臭皮匠顶个诸葛亮"，企业可充分挖掘、利用员工的创造力，针对各种需求征集员工创意，通过创意收集、创意评估、创意整合与优化、创意应用、创意奖励，驱动产品不断创新。此方法相当于全员头脑风暴，要注意做好创意管理。

从产研项目管理角度看，以前很多企业采用瀑布方法进行系统设计，工作任务重，开发周期长，导致产品开发完成后可能错失市场机会。现在越来越多的企业采用敏捷开发方法，将产品设计工作拆解到各迭代过程中，每个迭代过程的周期固定，因此开发进度变快，更容易把握市场机会。在每个迭代过程中，研发负责人将需求方案进一步拆分成细粒度的研发任务，并为每个任务指派负责人，形成详细的迭代计划，再按计划推进研发工作，直至完成测试验收。市场上有很多介绍产研项目管理方法的图书和资料，此处不再赘述。

到迭代末期要组织开展需求实现评审，首先由测试工程师结合测试用例介绍需求实现情况及遗留的质量缺陷；然后由产品经理体验新特性，评估哪些质量缺陷必须解决，哪些可以暂时容忍，研发负责人负责评估整改工作量；最后由研发团队完成质量缺陷整改，再次组织需求实现评审，若无问题此轮迭代研发工作即可结束。

7.7　需求的验证

提高产品开发成功率的一个关键点是邀请客户参与整个产品开发过程，业务战略制定流程中要走访客户进行需求调研，产品规划立项流程中要与客户交流产品概念定义，产品开发流程中要与客户交流产品方案，当完成一个产品新版本，即需求实现后，要请客户参与验证，看产品特性是否符合预期，能否解决业务痛点。

在完成一个产品新版本研发后，要邀请两三家客户验证需求，具体评估以下三点。

① **客户满意度**：客户体验产品新特性后是否满意，是否认可每个需求方案。

② **用户迁移成本**：与客户企业各相关岗位用户交流，评估产品新特性是否易学易用，是否存在卡点、堵点。

③ **业务实际改进效果**：当客户应用产品一段时间后，通过衡量其业务指标改善情况，评估各需求方案是否达到了预期效果。

如果客户验证一切顺利，则发布此产品新版本，面向所有客户进行推广。如果存在问题，则收集客户对各个需求方案的详细意见与建议，制定产品改进方案，安排研发人员整改产品，再拿着整改后的产品新版本进行客户验证，直至客户满意。

产品新版本正式发布后，在需求管理系统中对相关需求进行关闭处理，此时这些需求就完成了从"提出"到"解决"的端到端闭环管理。

7.8 需求管理流程效果评价

需求管理流程效果评价，主要从以下几个维度进行。

① **价值需求数量**：提高需求收集数量相对较为容易，但关键要看有价值的需求的数量是否变多，价值需求是驱动产品发展的动力和源泉。

② **需求规划质量**：需求方案是否比以前更完整、更详细、更合理、更具创造性，进入开发流程之后需求变更次数是否比以前有所减少。

③ **需求实现周期**：利用需求管理系统统计所有已实现的需求从"提出"到"解决"的平均周期，看是否比以前有所缩短。

④ **需求实现质量**：产品新版本完成后，客户满意度是否比以前有所提高，客户的业务改善情况是否比以前更好。

超棒人才推行 IPD 体系需求管理流程之后，产品委员会认为流程的主要效果来自需求验证环节。以前产品新版本完成后主要由产品经理验证，导致产品发布后经常有客户反馈产品存在不合理之处；自从有了客户验证环节，产品新版本的客户满意度从以前的 60% ~ 70% 大幅提升到 80% ~ 90%，效果明显。

第八章

组织架构保障

前面五章我们主要介绍了流程方案，通过总结业界 IPD 体系实施案例可知，完成流程设计仅相当于达到 50 分水平，要确保 IPD 体系见到效果，还要从组织、人才、IT 角度发力。在流程基础上完成组织架构调整就能提高到 70 分水平，再完成人才体系优化就能提高到 80 分水平，最后完成 IT 系统支撑就能达到 90 分水平。接下来三章我们将重点学习如何进行组织架构调整、人才体系优化、IT 系统建设。

本章将介绍如何优化企业组织架构以满足 IPD 体系要求，涉及决策评审组织、产研规划组织、产研开发组织等。

8.1　总体组织架构概览

当前存在两种典型的产研组织架构。

① **资源共享型**：有些企业中，产品经理是一个独立部门，设计师是一个独立部门，研发人员是一个独立部门，项目管理人员是一个独立部门。当产品经理有了新想法，就写一份商业计划书向产品总监汇报、请示，产品总监接着向总经理汇报、请示，总经理批复同意后，产品总监与相关部门协调资源，产品经理挑选两三名需求分析师成立产品需求组，研发总监选择一些研发人员成立产品研发组（包含测试人员），设计总监指派一两名设计师负责跟进产品设计，项目管理中心指派一名项目经理负责跟进产品研发过程。团队组建完成，产品经理讲解需求，启动产品研发。产品研发完成后相关人员回到原部门，等待下一项任务分配。当过一段时间此产品需要迭代升级时，则再次进行人员选派，但有可能不是上一组人员。

② **资源独占型**：有的企业中，每个产品是一个独立部门，部门成员包括产品负责人、技术负责人、需求分析师、产品经理、视觉交互设计师、研发工程师、测试工程师、运维工程师等。产品负责人制订产品迭代升级计划、申请预算支持，技术负责人制定产品开发规范、管理开发过程，整个部门按

部就班进行产品开发。

资源共享型产研组织架构的优点是人力资源得到充分复用，但缺点也很明显，同一个产品前后两个版本的研发人员可能不是一批人，上一批人熟悉情况但可能被派到别的任务，后一批人对情况不熟悉，需要花一些时间了解相关背景，导致整个产品的开发效率有所降低。

资源独占型产研组织架构的优点是同一组人专注开发同一个产品，专业度高、沟通成本低、协作效率高，不足之处是人员容易出现空闲状态，研发人员与外界交流减少，不利于了解最新技术发展趋势，容易出现故步自封现象，时间长了成就感低。另外，各产品部门能力参差不齐，好的团队所有人都想加入，差的团队无人问津，难以统一进行能力建设。

当然，采取以上两种产研组织架构的企业未必出现重大问题，只是出现问题的概率较大，所以存在优化空间。

IPD体系追求通过跨部门协作快速实现市场机会的商业变现，IPD体系对组织的要求是科学决策、高效战斗、攻坚克难、夺取胜利，因此IPD体系的组织架构较为复杂。结合笔者多年实践，本书建议的总体组织架构概览如图8-1所示。

IPD体系组织架构有两大特点。

① **第一是组建专家型团队做出科学决策**。图8-1中单实线矩形框表示实体部门，双实线矩形框表示常设虚拟组织，虚线矩形框表示临时虚拟组织。实体部门是"战斗型"团队，常设虚拟组织和临时虚拟组织是专家型团队。IPD体系流程中有若干决策评审，需要大量专家参与交流讨论、提出专业建议、做出科学决策，所以企业要做好专家库建设并了解每个专家的擅长领域，以便进行针对性邀请。

② **第二是采用矩阵式管理提高组织竞争力**。图8-1中的产品开发部和技术开发部是典型的"战斗型"团队，他们负责研发实现一款产品或技术。对产研开发团队中的成员要采用矩阵式管理，每个人都要接受项目主管和业务主管的双线领导。举个例子，测试工程师一方面要接受技术负责人（项目主管）分配的测试任务，另一方面要接受测试部经理（业务主管）的工作指导。这种方式有个显著优势，业务主管负责统一进行能力建设，项目主管负责安排实际工作任务，如此双向咬合，既确保每个人员能力不断提升，也确保企业在竞争中不断取得胜利果实。

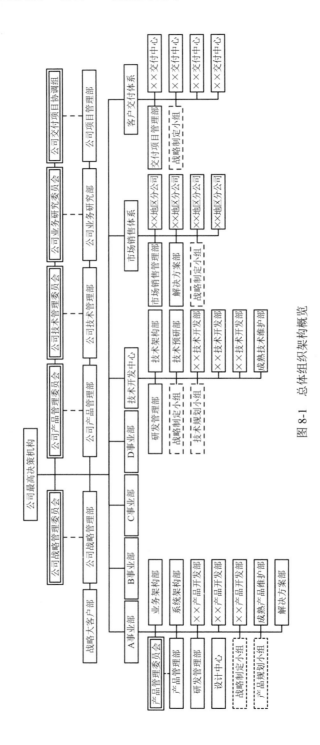

图 8-1　总体组织架构概览

8.2 企业最高决策机构

企业最高决策机构主要负责新赛道开辟、新业务单元设置、企业融资、投资并购、生态建设等方面的宏观决策。

产研方面，企业授权产品管理委员会、技术管理委员会分别进行产品和技术的投资决策。

对于业务复杂的行业和领域，企业成立业务研究委员会，负责对未来业务的开展模式、关键业务标准进行研究和制定，一方面通过建立业务标准指导各业务单元规范业务设计、优化产品方案，另一方面通过发表前瞻性论文等方式提高企业在行业中的地位。

客户项目交付方面，企业成立项目交付协调组，负责协调产研体系和客户项目交付体系，确保客户项目按时高质量交付。

8.3 产研决策评审组织

产研决策评审组织分为产品决策评审和技术决策评审两种，产品决策评审由产品管理委员会负责，技术决策评审由技术管理委员会负责。

整个企业的技术体系需要打通，因此只要在企业层面设置一个技术管理委员会即可。但产品数量众多、类型多种多样，所以产品决策评审采取"分级评审"方式——图8-1中企业层面和各业务单元都设置了产品管理委员会，企业层面的产品管理委员会负责对需要企业提供专项资金支持的战略性产品进行投资决策，各业务单元的产品管理委员会负责对自己业务范围内的产品进行投资决策。

有的企业将评审与决策分开，专家评审组负责评审项目的合理性、可行性和未来潜力并对项目进行打分，企业决策层根据投资总预算和各项目评分做出哪些项目投资多少预算的决策，这种方式增加了流程环节，降低了决策效率，笔者并不推荐。

接下来对产研决策评审组织进行详细介绍。

（1）公司专家库

评审组织的核心资源是各领域专家，因此组建公司专家库是首要任务。此项任务一般由人力资源部负责。人力资源部通过访谈公司经营管理层和各部门负责人，收集以下内容。

① 对专家库建设的意见与建议。

② 建议新增的专家人选及理由。

③ 建议删减的专家人选及理由。

根据以上意见，人力资源部与专家人选取得联系、沟通意向、完成专家库建设，表 8-1 是一个公司专家库示例。

表 8-1　公司专家库示例

序号	专家姓名	专家联系方式	专家来源	专家擅长方向和领域
1	××	××	×× 协会 ×× 专家	云计算技术
2	××	××	×× 大学 ×× 教授	物联网技术
3	××	××	外部特聘专家	工程项目管理专家
4	××	××	外部特聘专家	计算机视觉技术
5	××	××	外部特聘专家	数字孪生技术
6	××	××	外部特聘专家	人工智能技术
7	××	××	外部特聘专家	高精度定位技术
8	××	××	公司内部专家	无损检测技术
9	××	××	公司内部专家	新能源技术
10	××	××	公司内部专家	数字化转型
11	××	××	公司内部专家	产品管理
12	××	××	公司内部专家	研发管理
13	××	××	公司内部专家	财经管理
14	××	××	公司内部专家	安全管理
15	××	××	公司内部专家	质量管理
16	××	××	公司内部专家	数据治理
17	××	××	公司内部专家	知识产权管理

序号	专家姓名	专家联系方式	专家来源	专家擅长方向和领域
18	××	××	公司内部专家	销售管理
19	××	××	公司内部专家	标准管理
20	××	××	公司内部专家	法务管理

表 8-1 中专家类型颇为丰富，不仅有专业技术领域的专家，也有各种管理领域的专家，专家库越完善，就越能在项目评审中发现问题，评审质量就越高。根据笔者多年经验，每个方向最好至少有两名专家，这样当一个专家日程繁忙时可邀请另一名专家，并且不同专家的经验也不同，提供的意见与建议更具多样性。

完成专家库建设之后，人力资源部面向全员进行公示，看是否有专家人选存在负面反馈，若公示期无异议，即向专家发放聘书，并组织外部专家签署聘用协议和保密协议。专家聘期一般为一至五年，企业每年可扩充专家类型和数量。

至此公司专家库正式投入应用，各部门可根据自身需要邀请相关专家参与工作，例如咨询专业建议、邀请担任评委等。

专家预算来自人力资源部专项资金，可按年支付报酬，也可按参与活动类型和数量进行支付，具体看聘用协议相关内容。人力资源部负责专家的考核，根据考核结果决定与专家是继续合作还是提前终止合作。

（2）公司产品管理委员会

① 职责。

a. 是企业产研投资管理的最高决策组织。

b. 主要对战略性产品和跨业务单元产品进行立项评审，做出投资决策。

c. 批准成立战略性产品和跨业务单元产品开发团队，指派合适人选担任负责人。

d. 对战略性产品和跨业务单元产品进行 DCP 评审，检查阶段成果。

e. 指导各业务单元产品管理委员会开展工作，定期检查成果，确保产品战略的一致性。

f. 推动市场、采购、销售、交付、服务体系与产研体系协同工作，完成业务目标。

② **成员。** 公司产品管理委员会的成员及职责如表 8-2 所示。

表 8-2　公司产品管理委员会成员及职责

序号	成员	角色	职责
1	公司产品研发体系负责人	主任	① 提名公司产品管理委员会委员； ② 对公司产品管理委员会各个委员进行考核； ③ 产品评审时负责对客户需求和产品概念进行把关； ④ 在产品进入规模化推广阶段时，推动市场、采购、销售、交付、服务体系开展相关工作，确保产品业务目标达成
2	公司技术研发体系负责人	委员	① 产品评审时负责对技术路线和技术风险进行把关； ② 在产品进入研发阶段时，协调技术研发与产品研发计划，确保技术研发有效支撑产品研发
3	公司市场体系负责人	委员	① 产品评审时负责对市场空间和增长趋势进行把关； ② 在产品进入规模化推广阶段时，将其列入市场营销计划，开展营销活动，为产品打造"好卖"的市场氛围
4	公司销售体系负责人	委员	① 产品评审时负责对定价策略和销售策略进行把关； ② 在产品进入规模化推广阶段时，将其列入销售计划，分配销售资源，通过组织培训提高销售人员能力，确保产品"卖好"，达成产品销售目标
5	公司客户项目交付体系负责人	委员	① 产品评审时负责对客户项目交付策略进行把关； ② 在产品进入规模化推广阶段时，分配交付资源，通过组织培训提高交付人员能力，确保每个客户项目顺利交付
6	公司客户服务体系负责人	委员	① 产品评审时负责对客户服务策略进行把关； ② 在产品进入规模化推广阶段时，分配服务资源，通过组织培训提高服务人员能力，确保及时解决客户反馈的问题和需求

序号	成员	角色	职责
7	公司知识产权管理负责人	委员	① 产品评审时负责对知识产权布局进行把关； ② 在产品开发过程中协调资源，协助办理知识产权申请、登记
8	公司采购管理负责人	委员	① 产品评审时负责对采购需求的可行性进行把关； ② 在产品进入规模化推广阶段时，根据产品销售计划制订采购计划，确保按时高质量完成采购任务
9	公司财经管理负责人	委员	① 产品评审时负责对成本和投资回报进行把关； ② 产品开发启动后及时制订预算计划，在产品开发过程中根据评审结论分配下阶段预算，并从财经角度检查预算执行是否合规； ③ 在产品进入规模化推广阶段时，根据业务目标、销售计划、交付计划、实际回款情况不断评估产品投资回报
10	相关领域业务专家（多名）	委员	产品评审时负责从相关领域业务需求角度提出意见与建议
11	相关领域技术专家（多名）	委员	产品评审时负责从相关领域专业技术角度提出意见与建议

表8-2的业务专家和技术专家来自公司专家库，当然公司产品管理委员会要向专家发放聘书。

③ **运作支持部门。**公司产品管理委员会的运作支持部门是公司产品管理部，其职责包括以下几个方面。

a. 与公司产品管理委员会主任商议，制定公司产品管理委员会评审日历。一般每个月组织一次评审会，可预定一个固定的评审日期，例如每个月第三周的周四。评审日历确认后要同步给所有委员，以方便委员预留时间。当然不是每次评审都必须遵循评审日历，在每个月预定的评审日前一两周确定具体评审日期即可。

b.收集产品团队提交的评审申请，确定议题、议程、评审日期，确定参加每场评审的评委，并与评委沟通日程，发出正式邀请。评审当天一般有五六场产品评审，一般每场产品评审持续一个小时。产品的管理需求不同，对评委的要求也不同，若一个产品没有采购需求，公司采购管理负责人就无须参加。产品所属业务领域不同，对业务专家和技术专家的需求也不同，只需邀请相关领域的专家即可。评审安排示例如表 8-3 所示。

表 8-3　评审安排示例

时间	议题	汇报人	评委
8:30—09:30	×××产品立项评审	×××	××、××、××、××、××、××、××
09:30—10:30	×××产品研发阶段评审	×××	××、××、××、××、××
10:45—11:45	×××产品客户验证阶段评审	×××	××、××、××、××、××、××、××、××
13:30—14:30	×××评审	×××	××、××、××、××、××、××
14:30—15:30	×××评审	×××	××、××、××、××、××
15:45—16:45	×××评审	×××	××、××、××、××、××
16:45—17:15	公司产品管理委员会复盘交流		

c.在评审当天，按议题、议程组织评审并选择会议主持人。每场产品评审，首先由产品负责人介绍相关情况（此环节一般持续 30 分钟左右）；然后由评委轮流提问，产品负责人进行澄清（此环节一般持续 30 分钟左右）；最后由所有参会评委进行投票决定"是否同意通过评审"。每个评委一票，若三分之二的评委投"同意"票，则视为"通过"评审；若三分之二的评委投"不同意"票，则视为"未通过"评审；若投票统计结果既不满足"通过"也不满足"不通过"，需要产品管理委员会主任决定是否要求产品负责人"修改材料再评审"。与委员不同，产品管理委员会主任具有"一票否决权"，即使所有委员投票"同意"，主任也可以一票否决，终止产品立项或开发，避免投资浪费。每场评审结束后，产品管理部要组织参会评委形成明确的评审结论，以便开展后续相关工作。评审纪要示例如表 8-4 所示。

表 8-4　评审纪要示例

评审纪要			
会议时间			
会议地点			
评审内容			
汇报人			
列席人员			
参会评委			
评委签字	评委	评审意见	签字
评审结论			
会后待办事项	负责人	待办事项	预计完成时间

d. 评审结束后，将评审结论同步给相关部门，根据评审结论推动后续工作。对于通过评审的项目，根据需要推动人力资源部设置相关组织架构，推动财经管理部分配相关预算；对于没有通过的项目，督促产品负责人提交总结材料，进行归档处理；对于需要修改材料再提交评审的项目，与产品负责人共商改进思路，确定评审材料完成日期，以便再次安排评审。

e. 每季度整理参会评委的评论指导和建言献策情况，并提交给产品管理委员会主任，作为各位委员的考核依据。

f. 总结公司产品管理方法论，定期面向产品经理开展培训，促进产品经理成长。根据评审过程中发现的产品经理能力短板，邀请内外部专家设计有针对性的培训课程，提升产品经理能力，改善工作成果。

（3）业务单元产品管理委员会

根据图 8-1，事业部产品管理委员会是各业务单元产研投资管理的决策组织，主要对业务单元范围内的产品进行立项评审，做出投资决策；在产品开发过程中进行 DCP 评审，检查阶段成果；向公司产品管理委员会汇报工作，接受其指导；当产品进入规模化阶段时推动市场、采购、销售、交付、服务体系协同开展工作，完成业务收入目标。若遇到本业务单元难以独立推动的事项，及时请公司产品管理委员会给予支持。

在成员组成上，由事业部总经理担任产品管理委员会主任，其他成员是来自公司各部门的代表——与表 8-2 中的成员类似但级别略低，例如公司产品管理委员会中有"公司市场体系负责人"，事业部产品管理委员会中则有"公司市场体系代表"，这些代表负责从部门管理职责视角提出疑问、给出意见、进行把关，并将评审结论带回部门，及时向自己的部门经理汇报。

事业部产品管理委员会的运作支持部门是事业部产品管理部，其职责与公司产品管理部类似，在产品管理方法论层面不断发掘优秀案例即可。事业部产品管理部向公司产品管理部汇报工作，接受指导。

（4）公司技术管理委员会

公司技术管理委员会是公司技术体系投资管理的最高决策组织。公司技术管理委员会从级别上比公司产品管理委员会低半级，因为产品体系直接给公司贡献营业收入，技术体系则支撑产品体系更好更快地完成产品开发，所以技术战略要与产品战略保持一致。公司技术管理委员负责对关键技术和平台的立项进行评审和投资决策，在技术开发过程中进行 DCP 评审、检查阶段成果，当技术开发完成后推动各业务单元进行技术应用，确保技术开发成果支撑产品开发提效。

公司技术管理委员会成员及职责如表 8-5 所示。

表 8-5　公司技术管理委员会成员及职责

序号	成员	角色	职责
1	公司技术研发体系负责人	主任	① 提名公司技术管理委员会委员； ② 对公司技术管理委员会各个委员进行考核； ③ 技术评审时负责对技术路线和成熟度进行把关； ④ 技术开发完成后推动技术的应用

序号	成员	角色	职责
2	产品研发代表（多名）	委员	① 技术评审时作为内部客户代表对技术概念和开发计划提出意见与建议； ② 技术开发完成后协调产品开发团队应用技术成果
3	知识产权管理代表	委员	① 技术评审时负责对知识产权布局进行把关； ② 技术开发过程中协助办理知识产权申请、登记
4	采购管理代表	委员	① 技术评审时负责对采购需求的可行性进行把关； ② 技术开发过程中根据需要开展采购工作
5	财经管理代表	委员	① 技术评审时负责对成本进行把关； ② 技术开发过程中对预算执行进行检查
6	相关领域技术专家（多名）	委员	技术评审时从相关领域专业技术角度提出意见与建议

表 8-5 中产品研发代表是指未来要应用此技术来研发项目的产品研发负责人。

公司技术管理委员会的运作支持部门是公司技术管理部，其职责与公司产品管理部类似，要在技术应用推广方面做很多工作，努力让各事业部产品开发团队都能应用技术开发成果。

（5）公司业务研究委员会

公司业务研究委员会是可选的，只有复杂业务才需要组建业务研究委员会。超棒人才成立了业务研究委员会，第一项职责是制定相关业务标准（如定期更新"职业分类字典"），第二项职责是研究人力资源服务未来发展趋势（如"劳务派遣"和"劳务外包"市场），为公司业务布局建言献策。

业务研究委员会的成员是各领域业务专家，主要承担业务研究任务，不开展决策评审工作，但可作为专家出席产品委员会组织的评审，从业务治理角度给出意见与建议。

业务研究委员会的运作支持部门是公司业务研究部，负责承接业务研究任务，定期组织业务研究委员会成员进行交流、研讨、协同工作，最终发布企业标准和行业研究报告。

8.4　产品与技术规划组织

图 8-1 中有三类临时虚拟组织：各部门的战略制定小组、事业部的产品规划小组、技术开发中心的技术规划小组。成立临时虚拟组织是为了完成时间紧、要求急的规划类任务，战略制定、产品规划、技术规划就属于这类任务。这类任务一般仅持续一至三个月左右，但任务复杂、难度大，往往需要调集五至十名资深专家参与方可完成。

每年年初业务战略发布后，各业务单元成立产品规划小组，其成员以资深市场管理专家和产品管理专家为主，包括业务专家、产品研发代表、财经代表等关键角色。工作内容是根据业务单元战略确定产品组合，进行新产品的规划，同时根据需要输出针对已有产品的改进方案，形成产品规划报告，参加产品立项评审，具体参见第四章。如果产品规划组织不合理则产品开发很难取得成功：有的企业请技术部门制订产品规划，但技术体系的人一般偏保守，往往把产品开发周期拖得很长，本来一年就能完成，非要拉长到三年；有的企业请市场营销部门制订产品规划，但市场营销体系的人一般偏激进，往往把市场空间描述得很夸张，本来只有五十亿，非要吹嘘说有三百亿；有的企业请销售部门制订产品规划，但销售体系的人一般偏保守，往往把市场空间描述得很小，本来有五十亿，非要说只有十亿。因此，唯有了解市场需求的市场管理专家和了解客户痛点的产品管理专家一起联手，才能输出合理的产品规划报告。

同理，技术开发中心成立技术规划小组，其成员以资深技术研发经理和专家为主，包括产品研发代表、知识产权代表、财经代表等关键角色。工作内容是根据企业战略确定关键技术和平台，进行新技术的规划，同时根据需要输出针对已有技术的改进方案，形成技术规划报告，参加技术立项评审，具体参见第六章。

8.5　产品开发组织

新产品立项成功后，业务单元要成立新的产品开发团队，此团队为实体部门——对应图8-1中的产品开发部，负责根据产品规划报告把产品开发出来——开发过程按照第五章介绍的阶段进行管理，产品上市后根据客户需求不断推出包含新特性的产品版本，对产品成功负责。

从成员组成上，产品开发部人员数量有一个动态变化的过程：实验室阶段人数很少，主要由产品负责人、需求分析师、系统架构师和产品研发骨干等人员参与；研发阶段人数最多，视觉交互设计师、研发工程师、测试工程师开始加入；从客户验证阶段到规模化推广阶段员工的组成开始发生变化，研发人员数量逐渐减少，产品运营人员和交付支持人员逐渐增多。

产品开发部人员组成及职责如表8-6所示。

表8-6　产品开发部人员组成及职责

序号	成员	职责	汇报对象
1	产品负责人（产品开发部经理）	对产品的客户成功和商业成功负责，对产品开发成本负责	事业部总经理
2	产品研发负责人（产品开发部副经理）	对产品研发的进度和质量负责，确保产品按既定技术路线完成研发实现	产品开发部经理
3	业务架构师（一名）	对产品的业务架构负责，确保本产品与本事业部其他产品可无缝集成	① 产品开发部经理；② 业务架构部经理
4	需求主管（一名）	对产品总体方案负责	产品开发部经理
5	需求分析师（多名）	对产品各模块方案负责	需求主管
6	产品运营专员（多名）	利用产品帮助客户提升业务价值，对用户活跃度负责	产品开发部经理
7	视觉交互设计师（多名）	对产品交互体验和易用性负责	① 产品开发部经理；② 设计中心经理
8	系统架构师（一名）	对产品技术路线和非功能需求（如安全性、可扩展性、可维护性等）负责	① 产品开发部副经理；② 系统架构部经理
9	产品研发工程师（多名）	根据产品方案，研发实现具体产品功能	① 产品开发部副经理；② 研发管理部经理
10	测试工程师（多名）	对产品研发质量负责	① 产品开发部副经理；② 研发管理部经理

序号	成员	职责	汇报对象
11	配置管理工程师（一名）	对开发环境、测试环境、配置管理工具、开发过程中的知识资产负责	①产品开发部副经理；②研发管理部经理
12	项目管理专员（一名）	跟进各项产品研发任务的进展，及时发现并解决问题	①产品开发部副经理；②研发管理部经理
13	技术研发代表	若产品对通用技术有需求，技术研发代表要及时通报技术研发进展，以便产品开发团队做好技术应用准备	
14	外协管理代表	若委托外部伙伴研发部分子系统，外协管理代表要及时通报外协研发进展，以便产品开发团队做好集成准备	
15	市场代表	TR 评审时从市场方面提出意见与建议	
16	销售代表	TR 评审时从销售方面提出意见与建议	
17	交付代表	TR 评审时从交付方面提出意见与建议	
18	服务代表	TR 评审时从服务方面提出意见与建议	
19	知识产权代表	TR 评审时从知识产权方面提出意见与建议	
20	采购代表	TR 评审时从采购方面提出意见与建议	
21	财经代表	TR 评审时从财经方面提出意见与建议	

表 8-6 中第 1～12 项为产品开发部人员，体现了矩阵式管理特点，凡是"汇报对象"一列有两个人的，第一个汇报对象负责安排工作任务，第二个汇报对象负责能力建设。例如视觉交互设计师，一方面接受产品开发部经理分配的设计任务，一方面接受设计中心经理在设计方法和规范方面的指导，确保完成任务。表 8-6 中第 13～21 项为跨部门代表，他们不在产品开发部办公，TR 评审时从各自角度提供意见与建议，以便在产品开发过程中尽早消除各种风险。

8.6 技术开发组织

新技术立项成功后，技术开发中心要成立新的产品开发团队——对应图 8-1

中的技术开发部，负责根据技术规划报告把通用技术开发出来——开发过程按照第六章介绍的阶段进行管理，支撑产品开发提效，或避免"卡脖子"风险。

技术开发部人员组成及职责如表 8-7 所示。

表 8-7　技术开发部人员组成及职责

序号	成员	职责	汇报对象
1	技术研发负责人（技术开发部经理）	对技术的领先性、稳定性和企业内部推广应用负责，对技术开发成本负责	技术开发中心总经理
2	技术架构师（一名）	对接各事业部产品开发团队，不断收集技术需求，对技术总体方案负责	① 技术开发部经理；② 技术架构部经理
3	技术研发工程师（多名）	根据技术方案，研发实现具体技术模块	① 技术开发部经理；② 研发管理部经理
4	测试工程师（多名）	对技术研发质量负责	① 技术开发部经理；② 研发管理部经理
5	配置管理工程师（一名）	对开发环境、测试环境、配置管理工具、开发过程中的知识资产负责	① 技术开发部经理；② 研发管理部经理
6	项目管理专员（一名）	跟进各项技术研发任务的进展，及时发现并解决问题	① 技术开发部经理；② 研发管理部经理
7	产品研发代表	来自对技术有需求的产品开发团队，须及时了解技术研发进展，以便产品开发团队做好技术应用准备	
8	外协管理代表	若委托外部伙伴研发部分子系统，外协管理代表要及时通报外协研发进展，以便技术开发团队做好集成准备	
9	知识产权代表	TR 评审时从知识产权方面提出意见与建议	
10	采购代表	TR 评审时从采购方面提出意见与建议	
11	财经代表	TR 评审时从财经方面提出意见与建议	

表 8-7 中第 1～6 项为技术开发部人员，第 7～11 项为跨部门代表。

8.7　成熟产品和技术的开发与维护组织

对于成熟产品和技术，产品已稳定盈利，技术已在企业内得到推广应用，因此后续开发与维护比较简单，无须按阶段进行管控，也无须 DCP 评审。

每年年初，产品开发部经理和技术开发部经理要提交年度工作计划，申请企业资源支持。

以产品为例，年度工作计划主要内容如下。

① 差距分析：与年度目标相比，去年哪些方面做得好，哪些方面有差距。可从业务需求满足度、客户满意度、用户活跃度、客户规模、收入、成本、利润等方面分析。

② 根因分析：分析差距产生的根本原因。可从产品特性、商业模式、定价策略、营销策略、渠道策略、销售模式、交付模式、服务模式等方面进行分析。

③ 改进计划制订：根据根因分析，提出本年度改进方案，制订本年度改进计划。

④ 年度预算测算：根据改进方案和计划，测算本年度预算，申请资金支持。

⑤ 需要的其他支持：可提出其他如人员招聘和专业能力培养等需求。

产品开发部经理应向业务单元的产品管理委员会汇报年度工作计划，获得资源支持，并按计划开展工作，不断提升产品市场份额、客户满意度和产品收入，达成业务目标。

8.8　组织建设效果评价

合理的组织架构设计与 IPD 流程方案相得益彰，可确保 IPD 体系的运行效果。得到良好组织架构支撑的 IPD 体系有如下特点。

① 流程中每个角色都能在组织架构中找到对应人员。

② 组织架构中每个人都按照流程开展工作。

③ 通过定期组织优秀实践案例分享活动，可不断提升组织能力。

④ 随着组织能力不断提升，流程运行效果越来越好。

第九章

人才体系保障

"人"是企业最重要的资产，对于产品研发这么一项充满创意和挑战的工作，人才的作用自然至关重要。

当 IPD 流程逐步完善、组织架构调整到位，企业已经可以感受到 IPD 流程运行的初步效果。为了进一步发挥 IPD 的威力，接下来要对人才体系进行升级，根据 IPD 思想构建新的人才标准和任职资格体系，开发系统性的培训课程，推动产研体系人员提升专业能力，建设合理的人才梯队，形成"良将如潮"的大好局面。

只有每个人掌握了 IPD 思想和方法，才能让"个人"这个最小单元形成竞争力，产研体系竞争力整体提升也就不再是一句空话。

9.1　升级任职资格体系

IPD 体系各流程活动详细描述了每个角色的工作职责，这是建立任职资格体系的基础。

任职资格体系是指根据工作职责定义岗位序列，建立员工职业发展通道，根据工作内容和产出成果对员工进行分级，规范员工的培养和选拔工作，促进员工不断学习成长，同时为员工晋升提供依据。

任职资格体系的建立由人力资源部门总体统筹，由各专业能力管理部门组织专家制定方案——例如产品经理序列的任职资格体系由公司产品管理部牵头组织各业务单元的产品负责人一起制定方案，最后由人力资源部门汇总后统一公开发布。

本章以产品经理为例介绍如何建立任职资格体系。

（1）双职业发展通道

任职资格体系的一个设计原则是为员工提供"管理"和"专业"两条职业发展通道，初级产品经理的职业发展通道如图 9-1 所示。之所以设计两条职业发展通道，一方面是因为不是所有人都适合做管理者，另一方面是因为企业中也没有那么多的管理岗位供专业人员发展。

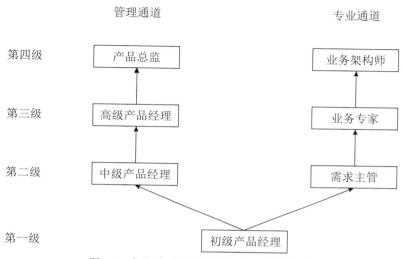

图 9-1 初级产品经理的两条职业发展通道

初级产品经理可选的两条职业发展通道都有四级岗位。初级产品经理既可以走专业路线，沿着需求主管、业务专家、业务架构师的通道发展，使自己的专业能力越来越精湛，以提高产品的专业性；也可以走管理路线，沿着中级产品经理、高级产品经理、产品总监的通道发展，使自己的管理能力越来越强，打造出执行力强的团队。

（2）任职资格体系的关键要素

一个完整的任职资格体系包括如下要素。

① **序列定义**：该职业序列存在的目的是什么。

② **行为标准**：该序列中各层级岗位的工作职责和产出成果是什么。

③ **任职条件**：该序列中各层级岗位的任职要求是什么，可从学历、专业、工作经验、专业技能等角度描述。

（3）产品经理序列定义

产品经理序列的人员负责根据业务战略，通过分析市场趋势、客户需求和竞争对手，规划出有差异化竞争力的产品，并在完成产品开发之后推进客户验证工作，确保产品的业务价值得到客户认可、商业模式得到初步验证，同时在产品规模化推广阶段为营销体系、交付体系和运营体系提供有力支持，不断进行产品迭代优化，推动产品持续向好发展。

对于产品经理序列，可把初级产品经理定位为需求分析负责人，把中级产品经理定位为产品模块负责人，把高级产品经理定位为产品负责人，把产品总监定位为产品线负责人，带着这样的定位建立任职资格体系就简单多了。

（4）初级产品经理岗位任职资格标准

初级产品经理是产品经理序列的入门岗位，一般由入职时间不长的员工担任，在中级产品经理的指导下开展需求分析工作，对需求的端到端闭环负责。其任职资格标准如表 9-1 所示。

表 9-1　初级产品经理任职资格标准

岗位名称	初级产品经理（助理产品经理 / 需求分析师）
行为标准	① 熟练掌握产品各模块功能的使用方法，全面解答用户问题，指导用户使用产品有效完成工作任务； ② 对于分配的需求调研任务，可通过与用户交流或访谈，按照需求场景化描述方法将需求补充完整； ③ 对于分配的需求分析任务，可有效理解需求价值，并对需求进行深入分析，形成完整、可实现、可验证的需求方案； ④ 在产品开发过程中，向产品研发人员详细讲解需求方案，及时解答问题； ⑤ 产品版本开发完成后开展需求验证工作，就每个需求与相关用户交流，验证其是否解决了业务痛点或带来了新的价值
任职条件	学历专业：本科及以上学历，相关专业。 行业经验：不要求，有相关经验为佳。 专业技能： ① 了解相关业务知识； ② 了解客户调研方法； ③ 掌握用户研究方法； ④ 掌握竞品分析方法； ⑤ 掌握需求分析方法； ⑥ 掌握产品原型设计方法； ⑦ 了解用户体验要素； ⑧ 掌握需求验证方法； ⑨ 了解产品运营知识； ⑩ 了解数据分析方法； ⑪ 了解产品研发基本技术概念； ⑫ 了解项目管理知识

（5）中级产品经理岗位任职资格标准

中级产品经理是产品经理序列的主力岗位，是人数最多的岗位，一般由具有三到五年相关经验的人员担任，在高级产品经理的指导下开展工作，对一个产品模块（或子产品）负责。其任职资格标准如表9-2所示。

表9-2　中级产品经理任职资格标准

岗位名称	中级产品经理
行为标准	① 梳理某个特定业务场景的客户需求，研究客户业务痛点，形成产品模块总体方案，明确与其他产品模块的协同关系； ② 负责产品模块的需求管理，结合产品指标变化评估需求优先级，根据产品迭代节奏制订本模块价值需求的实现计划，推动需求实现； ③ 指导初级产品经理开展需求分析工作，参与相关阶段（需求方案制定、需求实现、需求验证）的评审，进行把关； ④ 产品迭代完成后，参加客户验证工作，确保产品模块新特性满足客户需求，不断提升本产品模块的价值
任职条件	学历专业：本科及以上学历，相关专业。 工作经验：三到五年相关经验。 专业技能： ① 掌握本模块相关业务知识； ② 了解市场洞察方法； ③ 掌握客户调研方法； ④ 掌握用户研究方法； ⑤ 掌握竞品分析方法； ⑥ 熟悉需求分析方法； ⑦ 掌握需求管理方法； ⑧ 掌握产品指标设计方法； ⑨ 掌握需求验证方法； ⑩ 掌握团队管理方法； ⑪ 熟悉产品运营知识； ⑫ 熟悉数据分析方法； ⑬ 熟悉产品研发基本技术概念； ⑭ 熟悉项目管理知识

（6）高级产品经理岗位任职资格标准

高级产品经理是产品经理序列的关键岗位，一般由具有五到八年相关经验的人员担任，在产品总监的指导下开展工作，对一个产品的成功负责。其任职资格标准如表 9-3 所示。

表 9-3　高级产品经理任职资格标准

岗位名称	高级产品经理
行为标准	① 洞察客户需求，研究竞品动向，不断寻找更好地满足客户需求的方式方法，优化产品总体方案，不断尝试推出新的可收费的价值点； ② 负责产品的需求管理，通过识别高价值需求，结合市场需求洞察结论，不断规划产品新特性，制订产品各优化版本的迭代计划； ③ 指导各产品模块按迭代计划开展工作，参加相关环节（需求方案制定、需求实现、需求验证）的评审，进行把关； ④ 产品迭代完成后，组织客户验证工作，确保产品价值不断提升
任职条件	学历专业：本科及以上学历，相关专业。 工作经验：五到八年相关经验。 专业技能： ① 掌握本产品相关业务知识； ② 掌握市场洞察方法； ③ 掌握客户调研方法； ④ 掌握竞品分析方法； ⑤ 熟悉需求分析方法； ⑥ 掌握产品指标设计方法； ⑦ 了解需求验证方法； ⑧ 掌握团队管理方法； ⑨ 熟悉产品运营知识； ⑩ 熟悉数据分析方法； ⑪ 熟悉产品研发基本技术概念； ⑫ 熟悉项目管理知识； ⑬ 掌握商业模式知识； ⑭ 熟悉市场营销知识； ⑮ 熟悉销售和服务知识； ⑯ 熟悉经营管理知识

（7）产品总监岗位任职资格标准

产品总监是产品经理序列的高级岗位，一般由具有八年以上相关经验的人员担任，向业务单元总经理汇报工作，对一个产品线的成功负责。其任职资格标准如表 9-4 所示。

表9-4　产品总监任职资格标准

岗位名称	产品总监
行为标准	① 洞察本业务领域的客户需求，研究市场趋势和竞争态势，不断优化产品组合，提出新的产品构想，推动新产品的规划与立项； ② 指导产品线各个产品的开发工作，确保各个产品的业务价值获得客户认可，不断提升商业回报； ③ 与本业务单元的解决方案部、市场销售体系的解决方案部、公司的战略大客户部紧密联系，推动本产品线各产品纳入相关解决方案，不断扩大产品销量，对产品线的成功负责
任职条件	学历专业：本科及以上学历，相关专业。 工作经验：八年以上相关经验。 专业技能： ① 精通本领域业务知识； ② 掌握市场洞察方法； ③ 掌握客户调研方法； ④ 了解竞品分析方法； ⑤ 了解需求分析方法； ⑥ 熟悉产品指标设计方法； ⑦ 了解需求验证方法； ⑧ 掌握团队管理方法； ⑨ 了解产品运营知识； ⑩ 了解数据分析方法； ⑪ 了解产品研发基本技术概念； ⑫ 熟悉项目管理知识； ⑬ 掌握商业模式知识； ⑭ 掌握市场营销知识； ⑮ 熟悉销售和服务知识； ⑯ 掌握经营管理知识； ⑰ 掌握产品战略知识； ⑱ 掌握解决方案设计知识

根据产品经理序列四级岗位的任职资格标准可知，越是基层岗位越要关注工作任务的进度和质量，越是高层岗位越要对商业成功负责。其他序列与此类似，此处不再赘述。

9.2 推动人才能力培养

完成任职资格体系建立只是第一步，接下来要结合各序列各级岗位的行为标准和任职条件开展人才能力培养工作，不断提升整个组织的能力。

（1）制定人才培养方案和计划

各专业能力管理部门负责组织制定各序列人才培养方案（主要内容是各级别岗位应具备什么能力及应参加哪些课程培训），例如公司产品管理部制定产品经理序列的人才培养方案，然后汇总到人力资源部，人力资源部的培训部门与相关部门沟通，确定当前亟待补齐的能力短板，根据能力提升优先级确定各年度人才培养计划。

超棒人才 2021 ～ 2023 年人才培养计划示例，如表 9-5 所示。

表 9-5　超棒人才 2021 ～ 2023 年人才培养计划示例

序列	2021 年	2022 年	2023 年
产品经理序列	重点培养初级产品经理的用户研究、竞品分析、需求分析和产品原型设计能力，计划安排课程开发及培训预算 80 万元	重点培养中级产品经理的客户调研、产品指标设计和数据分析能力，计划安排课程开发及培训预算 100 万元	重点培养高级产品经理的市场需求洞察和产品规划能力，计划安排课程开发及培训预算 90 万元
产品运营经理序列	××	××	××
研发工程师序列	××	××	××
销售经理序列	××	××	××
项目经理序列	××	××	××

从表 9-5 中可以看到，超棒人才每年的人才培养重点各不相同，这是根据评估提升哪些岗位哪些能力能更好提高工作产出而决定的。

（2）开发针对性的培训课程体系

年度人才培养计划确定之后，各专业能力管理部门按照计划组织开发针对性的培训课程体系，预算由人力资源部门从人才培养专项资金中定向拨付。

培训课程要严格按照人才培养计划进行开发，可以采购外部培训机构体系化的、成熟的培训课程，如果外部找不到合适的课程，就要组织内外部专家进行孵化。课程孵化是一项专业技能，有专门的指导方法，读者可以查阅相关图书和资料，此处不再赘述。

超棒人才针对中级产品经理设计的培训课程体系，如表 9-6 所示。

表 9-6　超棒人才中级产品经理培训课程体系

序号	课程名称	课程简介	课程来源	学分	是否为必修
1	需求洞察	介绍如何通过客户调研、客户访谈等方法获取、挖掘客户需求	外部采购	10	是
2	竞品分析	介绍如何分析竞品，识别其亮点和不足，从而思考自己的产品设计方案	外部采购	10	是
3	业务场景分析	介绍如何全面深入分析用户业务场景、识别关键成功要素并应用到产品设计中去	内部开发	20	是
4	需求管理	介绍如何识别需求价值、设定优先级，并使用××系统进行需求管理	内部开发	20	是
5	产品指标设计	介绍如何结合产品给客户带来的业务价值设计核心指标，并使用××系统自动进行数据收集和统计分析	内部开发	10	是
6	IPD 体系	介绍公司 IPD 体系和相关管理要求	内部开发	20	是
7	产品运营	介绍如何利用产品运营促进客户成功、提高用户活跃度	外部采购	10	是
8	数据埋点	介绍公司数据埋点规范以及如何使用××系统进行产品数据埋点	内部开发	10	否
9	数据分析	介绍如何根据观察提出假设、通过数据分析验证假设，并得出最终结论	外部采购	10	否
10	项目管理	介绍产品研发项目管理知识以及如何使用××系统管理产研项目	内部开发	10	否

表 9-6 中序号 1～7 是必修课程，意味着公司所有中级产品经理必须要参加这些课程培训并通过考试。序号 8～10 是选修课程，中级产品经理可以根据自

身情况选择学习。

（3）组织培训，评估效果，优化改进

培训课程体系开发完毕之后，人力资源内训部门要按照人才培养计划开展工作。培训形式既可以是现场培训——优点是培训效果好，也可以是在线培训——优点是培训时间灵活。每完成一场培训，要及时安排调研和考试，调研的目的是收集学员对课程的意见与建议，以便不断完善课程内容，考试的目的是评估学员对课程中知识点的掌握情况。最后按照 PDCA 循环（戴明环）深入分析调研结论和考试结果，对培训课程体系进行迭代优化。

9.3 完善人才体系发展机制

为了更好地提升人才体系保障水平，企业要不断完善人才体系的各种发展机制。

（1）人才盘点机制

人才盘点的目的是了解团队每个人的工作内容、工作成果和专业能力情况，以便评估团队能力现状和团队业绩目标之间的差距，明确能力培养需求。人才盘点一般安排在每年年初进行，大多采用年度述职的方式，每个人按照模板准备汇报材料并用二十分钟左右的时间介绍自己去年一年的工作成果及思考，团队负责人听取汇报并给出意见与建议。

（2）晋升答辩机制

晋升答辩目的是对绩效优秀的员工和干部实行激励。晋升答辩一般安排在每年年末进行，每年十月份人力资源部门发布晋升答辩规则并启动报名，然后根据报名情况按职业序列成立专家评委组——通常由制定任职资格标准的专家担任，各序列根据报名人数组织多场晋升答辩会。每个报名者按照模板准备答辩材料和举证材料，答辩时用二十分钟左右的时间介绍工作业绩以及在推动组织和人才进步方面的成果，然后专家评委提问，答辩者回答。听取完所有申请晋升人员答辩之后，各序列专家评委组认真评议，对每个答辩者进行打分，从中选出建议晋升的人员。晋升答辩打分维度及权重如表 9-7 所示。

表 9-7　晋升答辩打分维度及权重

维度	描述	分值	权重 /%
干成事	有工作热情，积极挑战高目标，出色完成任务	0 ～ 100	40
有方法	工作有方法有套路，成功并非来自运气和偶然	0 ～ 100	30
愿分享	主动分享方法、知识和技能，提升团队能力水平	0 ～ 100	30

各序列专家评委组确定晋升人员名单后，报送人力资源部门，最终由人力资源部门于十二月份进行公示并完成岗位晋级调整。

由于晋升答辩时要提供举证材料，因此建议企业做好知识库建设，鼓励所有人员完成工作任务后及时复盘，将工作总结上传到知识库，这样既促进了知识共享，又避免晋升答辩时临时收集举证材料。

（3）干部轮岗机制

干部轮岗的目的是让干部走出舒适区，全面了解企业内部价值链的运作，提高全面思考能力、创造力。例如，华为公司干部轮岗采取"之字形"方法：一个技术序列干部干满三年后即转岗产品序列，在产品序列干满三年后再转岗市场序列，在市场序列干满三年后再转岗战略规划，通过不断轮岗，让每个干部全面理解满足市场客户需求是企业不断发展壮大的根本出发点，企业内部各部门的高效协作是不断提升产品竞争力和性价比的强大驱动力。

9.4　人才体系建设效果评价

优秀人才体系建设有如下特点。

① 课程体系日益完善，外部优秀实践不断内化为企业内部课程。

② 新入职员工上手快，入职不久即可发挥作用。

③ 人才梯队建设合理，各层级人才厚度不断增加。

④ 优秀人才激励到位，人才流失情况日益减少。

10

第十章

IT 系统保障

通常，IPD 流程运行顺畅、组织架构适配良好，意味着 IPD 体系进入了稳定运行阶段，此时可以启动相关 IT 系统的建设，进一步提高 IPD 体系的运行效率。

有些企业陷入一个误区，认为提前建设 IT 系统能更好地支持 IPD 体系的成功实施。事实并非如此，如果 IPD 流程方案尚未完成试点验证，仍然存在频繁变动的可能性；如果组织架构尚未调整到位，各流程活动的负责角色还会经常变化，此时推动 IT 系统建设就是一个盲目操作，容易造成流程、组织、IT 三者相互影响的混乱局面。正确的做法是暂不建设 IT 系统，先采用线下方式验证 IPD 流程和组织，待其接近成熟再选择合适的方式引入 IT 系统。

10.1　IT 系统的建设范围

IPD 体系有三个部分需要 IT 系统支撑：第一部分是业务战略制定流程和产品规划立项流程，需要根据确定的评审日历组织材料编写和评审；第二部分是产品开发流程和技术开发流程，需要对产研项目进行管理、对产品项目开发过程进行赋能；第三部分是需求管理流程，需要针对所有需求进行全生命周期管理。

IPD 体系运行需要的 IT 系统如图 10-1 所示。

下面对图 10-1 中四个 IT 系统的建设内容进行介绍。

（1）评审管理系统

评审管理系统主要是工作流驱动的评审过程管理系统，其应用场景主要是制定评审日历，然后根据日历推动各项工作有序开展。

① 业务战略制定流程。

a. 制定评审日历：战略委员会讨论形成公司战略意图，下发给各业务单元战略负责人。战略管理部与战略委员会制定战略评审日历，确定各业务单元的评审日期。

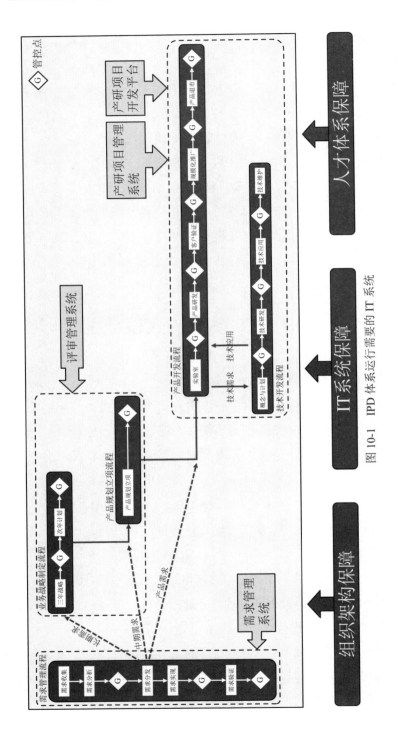

图 10-1　IPD 体系运行需要的 IT 系统

　　b. **发送评审提醒**：系统根据评审日历自动提醒各业务单元战略负责人按时提交业务战略汇报材料并参加评审。

　　c. **汇报材料编写**：业务单元战略负责人根据模板创建在线文档，邀请战略制定小组成员一起参与在线协作，为每人分配材料编写任务。汇报材料编写过程中，小组成员利用在线评论功能交叉评审，不断提升材料质量。

　　d. **评审前**：在既定评审日期前三天，业务单元战略负责人将业务战略汇报材料在线分享给战略管理部接口人，战略管理部接口人邀请战略委员会相关专家提前通过在线方式浏览材料，并利用在线评论功能提出问题。

　　e. **评审中**：在评审时，由于评审专家已提前了解业务战略汇报材料内容，因此业务单元战略负责人进行简单介绍后即进入提问、回答环节，完成评审后专家评委将评审结论提交到在线文档中，后续由战略管理部跟进。

　　f. **评审后**：当所有业务单元的战略通过评审后，战略委员会利用在线文档形成公司战略白皮书，面向全员进行分享。

　　② **产品规划立项流程**。产品规划立项流程的组织过程与业务战略制定流程非常类似，只不过有三点区别。第一点是流程原点不同，业务战略制定流程的原点是公司战略意图，产品规划立项流程的原点是产品和技术立项要求；第二点是汇报人、评审人、评审材料模板不同，这些在第四章中已详细介绍，此处不再赘述；第三点是评审后的操作不同，业务战略评审完成后发布战略白皮书，产品技术立项评审完成后则启动产品技术开发流程，分配预算、成立团队、开展产品技术研发工作。

（2）产研项目管理系统

　　此处以产品研发项目为例（技术研发项目同理）介绍产研项目管理系统的应用场景。

　　① 产品立项成功后，自动在产研项目管理系统中创建产品研发项目，分配产品编码，并根据产品立项报告自动初始化以下内容。

　　a. **资金来源**：公司投资（针对战略性产品和跨业务单元产品），或业务单元投资。

　　b. **进度计划**：实验室阶段、产品研发阶段、客户验证阶段的计划起止时间。

c. 阶段成果：各阶段预期取得的研发成果。

d. 评审计划：各阶段 TR 评审、DCP 评审的时间计划。

e. 组织保障：产品开发团队成员工作职责及计划投入工时。

f. 外部伙伴：外部技术服务商、服务内容及计划交付时间。

g. 投资预算：产品研发项目详细预算。

② 产品开发过程中，产品负责人根据实际进展及时将如下信息更新到系统中。

a. 取得的阶段性成果：例如产品设计原型、产品使用手册、产品演示视频等。

b. 实际投入的工时：实际参与产品研发工作的人员及投入工时。

c. TR 评审材料：例如产品概要设计 TR 评审材料。

d. DCP 评审材料：例如客户验证阶段 DCP 评审材料。

e. 知识产权成果：专利、软件著作权等知识产权成果。

f. 外部技术服务验收记录：例如技术验收报告、操作演示视频等。

g. 预算执行：自动从财经管理系统获取实际预算执行信息。

③ 当到达既定的 TR 评审时间点时，系统提醒产品负责人及时上传 TR 评审材料，并组织 TR 评审，评审完成后上传评审纪要，并提醒产品管理部相关人员检视。

④ 当到达既定的 DCP 评审时间点时，系统提醒产品负责人及时上传 DCP 评审材料，提醒产品管理部相关人员组织 DCP 评审，评审完成后上传评审纪要。如果 DCP 评审结果为"不通过"，则终止该项目，由产品团队上传所有材料进行归档、封存，此时该项目无法录入工时、使用预算。

⑤ 如果产品研发过程中（包括但不限于 TR 或 DCP 评审时）发现问题——例如技术攻关难度大需要增加研发工作量，或外部环境发生剧烈变化需要追加预算，产品负责人要及时申请项目变更，提交新的研发计划及预算，产品管理部要及时请产品委员会评估风险，若判断为风险不影响产品开发成功率，则项目变更申请通过，项目可继续执行。

⑥ 产品研发阶段 DCP 评审通过后，公司 CRM 系统自动将此产品上架并

设置为"试销"状态，仅客户验证计划中指定的销售地区和人员可销售此产品。

⑦客户验证阶段 DCP 评审通过后，产品研发项目自动终止，公司 CRM 系统自动将此产品设置为"在售"状态，销售体系中的所有人员可销售此产品。

（3）需求管理系统

需求管理系统的主要应用场景是完成每个需求的收集、分析、分发、实现和验证。

① 产品负责人根据产品特点和产品开发团队规模定义需求状态（表 7-5）。

② 支持外部客户直接反馈需求，支持企业内部的需求收集人员代替客户录入原始需求，并根据场景化描述方法对需求内容进行补充、完善。

③ 需求分析师对需求进行接纳、合并、拆分、退回、拒绝等处理，并根据十维度模型确定每个需求的优先级。

④ 需求分析师按优先级对每条价值需求进行深入分析，形成需求方案。

⑤ 产品开发团队进行需求规划，将每个需求纳入相应的产品迭代计划。

⑥ 产品迭代开发过程中，产品设计师、研发工程师、测试工程师围绕每个需求开展工作，上传详细的设计文档和产品测试记录。

⑦ 产品新版本研发完成后，需求分析师上传每个需求的客户验证记录，并关闭需求。

⑧ 如果是客户直接反馈的需求，可在系统中看到需求处理结果。

⑨ 通过全过程数据跟踪，分析各产品开发团队的产研效能指标。

（4）产研项目开发平台

产研项目开发平台主要服务于产品和技术研发项目的研发过程，其主要应用场景如下。

① 提供统一的产品技术研发环境，例如开发工具（包括零代码、低代码开发工具）、各种技术框架、版本管理工具、代码质量分析工具、持续集成工具等。

② 提供企业已有的、成熟的、可复用的技术资产，例如各种关键技术组件和基础平台服务（例如数据存储、消息中间件、容器引擎等）。

③ 提供企业已形成的数据标准和主数据服务，确保不同产品之间实现数据互通。

④ 产品技术开发完成后，可将自己的专业能力沉淀到产研项目开发平台上。

⑤ 可按需将相关工作成果自动同步到产研项目管理系统和需求管理系统。

当然，产研项目开发平台是技术成熟度较高的企业比较关注的一种产品技术开发方式，一般企业需要较长时间的技术积累方可实现。

综上，以上四个 IT 系统可以帮助 IPD 体系实现高效运行，这四个系统的相互关系如图 10-2 所示。

图 10-2 中评审管理系统将产研项目信息同步给产研项目管理系统，需求管理系统将需求列表和需求方案同步给产研项目开发平台，产研项目开发平台定期将阶段成果同步给产研项目管理系统。除此四个系统之外，人力资源管理系统和财经管理系统也会提供必要的信息。

（5）协同工作平台

考虑到很多企业应用了钉钉、企业微信、飞书等协同工作平台，我们可以进一步把这四个 IT 系统与协同工作平台之间的界限打通。协同工作平台最大的优势是企业员工全部集中在一个平台上沟通、办公、协作，实现电脑端、手机端全面覆盖，IT 系统与其互通可充分利用协同工作平台的功能，使相关人员一起开展各项工作，协作效率大大提高。

四个 IT 系统与协同工作平台的关系如图 10-3 所示。

根据图 10-3，四个 IT 系统都与协同工作平台进行集成，来自各系统的各项任务通过协同工作平台的通知提醒机制及时分发到各个负责人，推动多方共同完成任务。

需要特别说明的是，图 10-3 是逻辑架构图，企业在系统建设时可根据实际情况对四个 IT 系统进行合并或拆分，例如业界很多成熟的 IT 系统将需求管理放在项目管理系统中，有的企业进一步将产研项目开发平台也集成到项目管理系统中。

以上介绍了 IPD 体系 IT 系统的建设范围，接下来介绍如何进行系统建设。

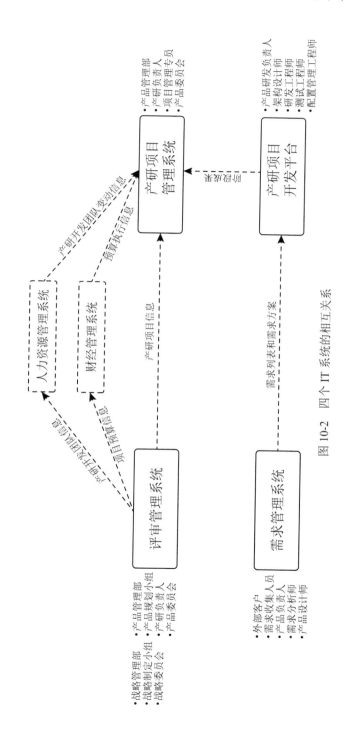

图 10-2　四个 IT 系统的相互关系

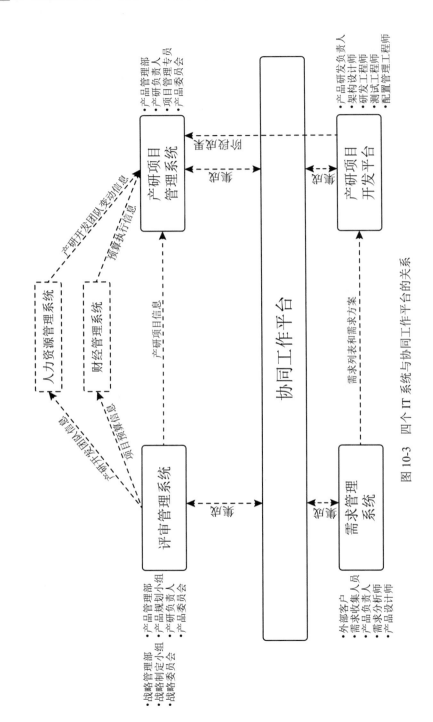

图 10-3 四个 IT 系统与协同工作平台的关系

10.2　IT 系统的建设方式

IPD 体系的 IT 系统是企业自身数字化管理的一部分，通常由企业内部的数字化部门负责建设。从系统建设角度，IPD 体系的 IT 系统一般有以下三种建设方式。

（1）采购外部成熟的 IT 系统

市场上有很多成熟的 IT 系统可以支撑部分 IPD 体系运行，企业可根据自身需要进行选择、采购，请软件公司按要求进行系统实施、定制。

例如，表 10-1 是业界常用的产研项目管理及协作系统。

表 10-1　业界常用的产研项目管理及协作系统

序号	外部成熟 IT 系统	简介
1	Jira	澳大利亚 Atlassian（艾特莱森）公司开发的一款项目与事务跟踪工具，被广泛应用于缺陷跟踪、客户服务、需求收集、流程审批、任务跟踪、项目跟踪和敏捷管理等工作领域，同时还提供了丰富的插件和集成工具，如代码仓库、持续集成和测试工具等。它很成熟，价格很贵，学习成本也很高。很多用户认为它好用，也有很多用户认为它难用。 根据 Jira 官方消息，其自 2021 年 2 月 2 日起停止销售本地私有化部署版本，推动客户迁移上云或升级到其指定的数据中心（截至本书出版之日，中国大陆尚未设置数据中心），导致客户使用成本大幅上升
2	Redmine	国外知名开源项目管理产品之一，自 2006 年发布以来在全球范围内广受好评，拥有庞大的用户群和活跃的社区。 Redmine 提供了丰富的项目管理功能，包括问题跟踪与任务管理、甘特图和日历视图、文件和文档管理、报告和统计等，支持多项目管理、灵活的角色和权限管理
3	Zentao （禅道）	一款起步较早的国产开源项目管理软件，它集需求管理、产品管理、项目管理、质量管理、文档管理、组织管理和事务管理于一体，完整地覆盖了项目管理的核心流程。 其开源社区建设内容丰富，包含博客、应用商店、视频教程、官方培训等，配套服务十分完善。管理注重实效，功能完备丰富，操作简单高效，界面美观大方，搜索功能强大，统计报表丰富多样，软件架构灵活，有完善的 API 可以调用。 5 人以下团队可免费使用。 支持私有化部署

序号	外部成熟 IT 系统	简介
4	ONES	一款国产的聚焦敏捷开发与 DevOps 的研发管理工具，提供需求管理、缺陷管理、工单管理、测试管理、知识库管理、资源管理、流程管理、任务协作管理、项目管理、项目集管理、效能管理等功能，同时它还整合了 DevOps 工具链帮助团队高效率进行协同研发。 50 人以下团队可免费使用。 支持私有化部署
5	PingCode	一款国产的覆盖研发全生命周期的项目管理系统，被广泛用于需求收集、需求管理、需求优先级管理、缺陷追踪、测试管理、产品路线图管理、迭代管理、文档管理、项目管理（敏捷、看板、瀑布方法）、效能度量等领域。它集成了 github、gitlab、jinkens、企业微信、飞书等主流工具，并可与企业自研工具打通。 25 人以下团队可免费使用。 支持私有化部署
6	TAPD （腾讯敏捷协作平台）	腾讯公司自主研发的一款协作级软件研发管理平台。TAPD 沉淀了腾讯十余年敏捷研发文化、研发模式和实践成果，2017 年 5 月正式对外开放，为产品研发全生命周期提供解决方案，支持敏捷需求规划、迭代计划跟踪、测试与质量保证、持续构建交付等全过程研发实践，助力企业提升研发效能，实现数字化转型升级。 30 人以下团队可免费使用。 支持私有化部署
7	CODING	腾讯云旗下的一站式 DevOps 研发管理平台，提供需求管理、缺陷管理、测试管理、项目管理、任务协作管理、知识库管理、代码托管、持续集成、持续部署、云原生应用管理等功能。 个人及小微团队可免费使用。 支持私有化部署

通过表 10-1 可以看出，每个系统支持的业务范围和特性各不相同，定价和部署方式也各有差异，企业要结合自身实际情况进行选择。

采购外部成熟 IT 系统的优点是这些系统成熟度较高、实施周期较短、后续服务有保障，不足是外部 IT 系统很难兼顾每个企业的个性化需求。

（2）自研数字化系统

各个企业的 IPD 体系都要与自己的业务特点和管理要求深度结合，因此有实力的企业可自研 IT 系统。

IPD体系的IT系统与产研体系管理密切相关，因此建议由公司产品管理部牵头进行系统建设，具体的建设步骤如下。

① 首先由公司产品管理部相关人员根据IPD体系方案形成系统建设需求，并在IPD体系方案发生变化时及时更新需求，确保IT系统适配IPD体系要求。

② 然后由公司数字化系统开发团队相关人员担任项目经理，承担IT系统建设任务，制订开发计划并按计划完成系统的研发、测试、验收、上线。

③ 最后由公司产品管理部相关人员组织开展IT系统的推行工作，根据既定的绩效指标对系统运行效果进行评估，找出影响运行效果的堵点，并分析原因、制定对策，与数字化团队一起推动系统不断优化。

这种建设方式的优点是自研IT系统完全满足企业IPD体系的个性化需求，不足是系统开发周期比较长并且要有专人进行维护。

（3）基于协同工作平台进行二次开发

目前很多企业使用了诸如钉钉、企业微信、飞书等协同工作平台，这些协同工作平台提供了强大的集成功能，企业中越来越多的工作场景如打卡考勤、差旅管理、流程审批、文档协作、视频会议、知识库管理、绩效管理等都围绕协同工作平台展开，协同工作平台逐渐变成了员工黏性最强的系统。因此，企业可以选择基于协同工作平台进行二次开发，在平台上形成IPD体系的支撑应用。

从开发实施的角度，建议企业组建一支专门的开发团队，参加协同工作平台官方组织的开发者培训并获得开发资格证书，这样团队具备了扎实的开发能力，就可在协同工作平台上开展各种应用的开发。

为了让读者初步了解协同工作平台的应用开发，下面以飞书为例进行简单介绍。

飞书的多维表格是一款强大的工具，可通过即时消息、群组、人员、权限、自动化流程等实现各种复杂的业务逻辑。基于多维表格创建的需求管理应用如图10-4所示。

根据图10-4左侧矩形框可以看出，此需求管理应用共包括三部分：一是原始需求收集，用来录入客户的原始需求；二是产研需求管理，用来管理从原始需求导出的产品研发需求；三是仪表盘，用来查看整体需求的处理情况。

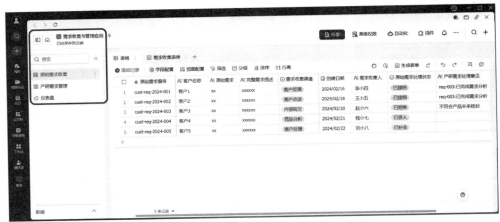

图 10-4 基于多维表格创建的需求管理应用

其中"原始需求收集"表格如图 10-5 所示，通过"产研需求处理意见"一列可看到，cust-req-2024-001 和 cust-req-2024-002 两个原始需求合并为一条编号为 req-003 的产品研发需求，当前处于"已完成需求分析"状态，需求收集人可据此及时了解相关工作进展。

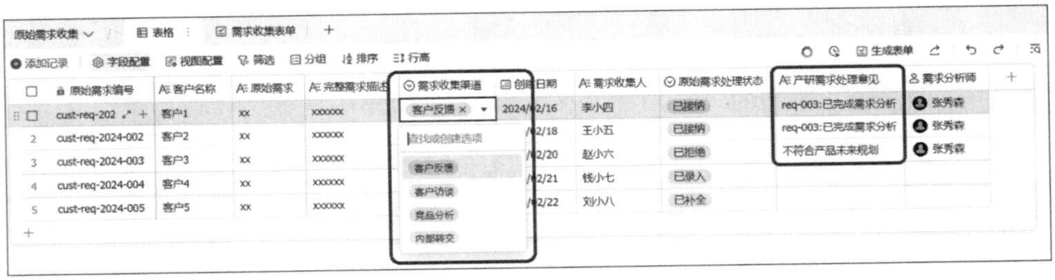

图 10-5 原始需求收集表格

多维表格字段类型多种多样，如文本、数字、单选、多选、日期、人员、计算公式、自动编号等，可跨表格引用数据。图 10-5 中的"需求收集渠道"是一个单选字段，其定义如图 10-6 所示。

实际工作中有时客户会直接反馈需求，此时可基于原始需求收集表格生成表单，并将表单链接发送给相关人员。生成的需求收集表单如图 10-7 所示。

表单的优势是获得分享链接的任何人都可填写表单，完美贯彻了 IPD 关于全员广泛收集需求的指导思想。表单链接分享方式如图 10-8 所示。

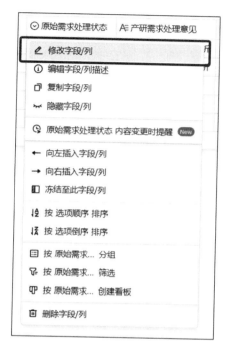

图 10-6　单选字段的定义

图 10-7　生成需求收集表单

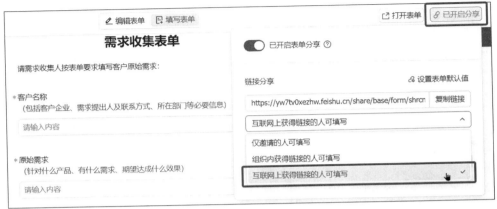

图 10-8　表单链接分享方式

填写表单并提交后，这些数据就保存到原始需求表格中，成为表格的一行数据。

“产研需求管理”表格如图 10-9 所示。

	需求编号	需求描述	创建日期	需求处理状态	需求价值评估	需求分析师	解决方案描述	相关产品子系统及模块	需求规格说明书	迭代研发版本
1	req-001	xxxxxx	2024/01/08	需求已关闭	85	张秀森	xxxxxxxxx	xxxxxx		2024年1月版
2	req-002	xxxxxx	2024/01/18	已完成迭代研发	80	张秀森	xxxxxxxxx	xxxxxx		2024年2月版
3	req-003	xxxxxx	2024/02/18	已完成需求分析	90	张秀森	xxxxxxxxx	xxxxxx		2024年3月版
4	req-004	xxxxxx	2024/02/22	已完成价值评估	82	张秀森				
5	req-005	xxxxxx	2024/02/24	已完成价值评估	78	张秀森				

	需求编号	迭代研发版本	完成价值评估日期	完成需求分析日期	完成版本规划日期	完成迭代研发日期	完成客户验证日期	需求关闭日期	需求处理周期
1	req-001	2024年1月版	2024/01/09	2024/01/11	2024/01/12	2024/01/23	2024/01/25	2024/01/26	18
2	req-002	2024年2月版	2024/01/19	2024/01/26	2024/01/30	2024/02/15	2024/02/20	2024/02/22	35
3	req-003	2024年3月版	2024/02/19	2024/02/23					-1
4	req-004		2024/02/26						-1
5	req-005		2024/02/28						-1

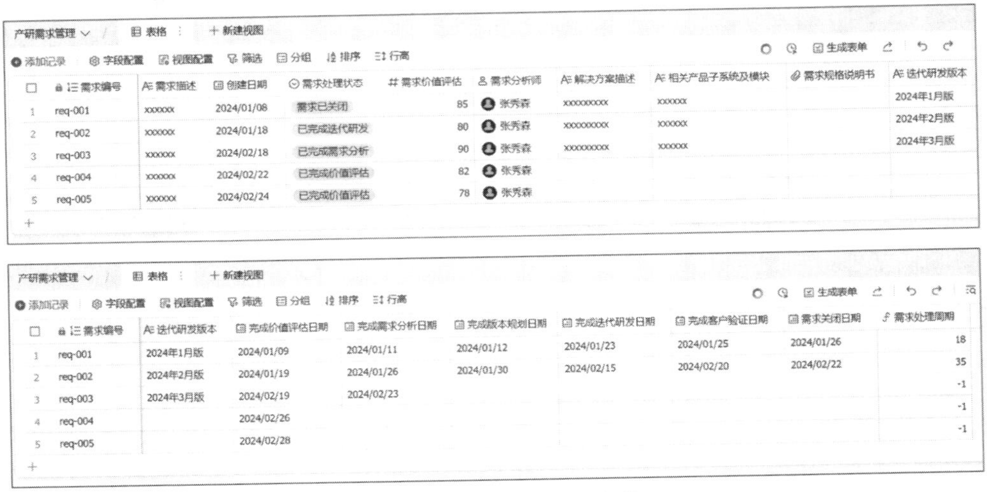

图 10-9　产研需求管理表格

图 10-9 中的“需求处理周期”字段是一个计算公式，其定义如图 10-10 所示。

根据图 10-10，在公式编辑器中可引用表格中的字段以及各种计算函数，图中将“需求关闭日期”减去“创建日期”定义为“需求处理周期”。

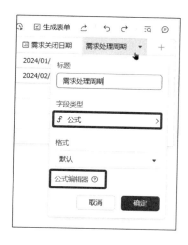

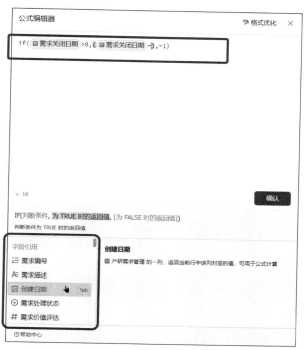

图 10-10　计算公式字段的定义

"仪表盘"如图 10-11 所示，这里共有 6 个数据看板，分别展示了待处理原始客户需求总数量、处理中产研需求总数量、已关闭的产研需求总数量、所有原始需求当前处理状态、产研需求当前处理状态以及产研需求平均处理周期。

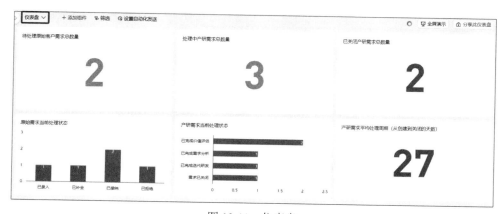

图 10-11　仪表盘

其中"产研需求平均处理周期"的配置如图 10-12 所示。

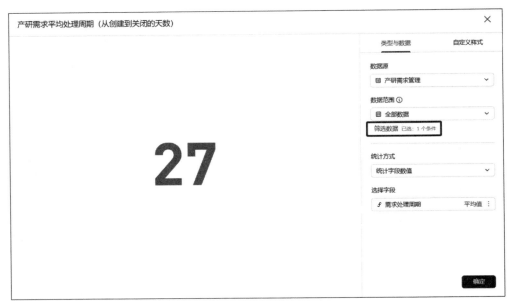

图 10-12　产研需求平均处理周期的配置

图 10-12 中的数据筛选条件和字段统计方式如图 10-13 所示。

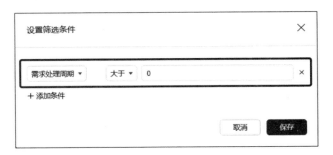

图 10-13　数据筛选条件和字段统计方式

通过图 10-13 可以知道，"产研需求平均处理周期"的数据定义是将所有大于零的"需求处理周期"数据累加起来求平均值。

多维表格还支持设置自动化流程，如图 10-14 所示。

图 10-14　多维表格的自动化流程

图 10-14 中自动化流程的配置如图 10-15 所示。

图 10-15　自动化流程的配置

根据图 10-15，当"原始需求收集"表格中添加了新记录并且在"完整需求描述"中完成了需求补全之后，系统自动给需求分析师发送一条即时消息进行提醒。此自动化流程启用后，当满足条件时系统自动进行触发，图 10-16 即为触发后需求分析师收到的即时消息。

点击图 10-16 的"查看记录详情"按钮就能看到新添加的原始需求数据。

以上是对飞书多维表格的介绍，另外飞书还有项目管理工具可进行灵活的工作流程配置，读者可自行查找相关资料，此处不再赘述。

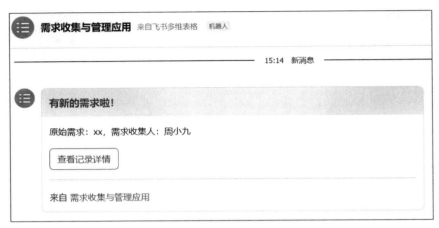

图 10-16　需求分析师收到的即时消息

需要注意的是，虽然飞书拥有强大的工具，但若企业希望对各种数据标准进行规范管理，例如要求所有产研团队使用同一套"需求状态"定义，就需要在其他业务系统中做好主数据管理，并将其集成到飞书中去。

综上所述，IT 系统一共有三种建设方式，企业可根据自身实际情况进行选择。

10.3　IT 系统建设效果评价

强大的 IT 系统可以给 IPD 体系带来以下提升。

① 对于业务战略制定流程和产品规划立项流程，系统能根据日历安排自动提醒下一步动作并提供模板供下载。

② 对于产品技术开发流程，系统能根据开发计划自动提醒提交 TR 和 DCP 评审报告，及时安排技术评审和阶段决策评审。

③ 对于需求管理流程，系统支持广泛的原始需求收集，并对每条需求的全生命周期进行管理，切实做到端到端闭环。

11

第十一章

IPD 体系导入方式

前面十章我们学习了一套规范的产品管理方法，掌握了五个流程方案和三个保障措施。跳出书本回到现实，市场上那么多企业，到底什么样的企业适合导入 IPD 体系？导入 IPD 体系时应该遵循什么原则？导入 IPD 体系时应采取什么策略？

11.1　判断企业是否适合导入 IPD 体系

不是所有企业都适合导入 IPD 体系，IPD 只是众多产品开发管理方法之一，企业可以根据自身实际情况选择合适的方法。

那如何判断一个企业是否适合导入 IPD 体系呢？建议参考以下条件。

① **从使命愿景角度，企业选择以市场和客户为驱动，以产品服务创新为增长动力。** 那些背靠优势政策资源提供民生垄断服务的企业不适合导入 IPD 体系，因为客户无论满意与否都没有别的选择，企业自身也没有动力不断优化产品与服务。

② **从业务发展角度，企业已经成立五年以上，已经有一个利润率 30% 以上的成熟业务，希望开拓新的业务，但产研组织比较低效，难以支撑企业发展。** 只有当一个企业解决了基本生存问题之后，才会寻找更优秀的管理方法，让组织焕发活力，让老业务生命力更旺盛，让新业务成长更迅速。

③ **从企业领导角度，企业领导层认同管理也是一种核心竞争力，愿意通过各种尝试来提升企业管理水平，有决心有魄力在遇到问题的时候打破既得利益者的阻挠。** 很多集团型企业反映 IPD 体系导入难度较大，究其原因是企业领导往往是上级单位派过来的，任期一般仅持续几年时间，更倾向于求稳，喜欢开发应用一些当年即可见效的"短平快"项目，面对 IPD 体系这种需要长周期才能见效的大动作难以下定决心。

很多企业满足前两个条件，但不满足第三个条件，非常可惜。不过企业毕竟是由一群人组成的，企业领导的人格特点很多时候决定了这家企业的行事特点，企业领导保守则企业保守，企业领导有改革求变的魄力则企业就会不断有新的发展。华为当年导入 IPD 体系时下了非常大的决心，宁可削足适履也要学习先进企业的优秀实践，这一点跟企业领导人任正非的人格特点是分不开的。

11.2　导入 IPD 体系时应遵循的原则

如果一家企业决定导入 IPD 体系，应该注意哪些事项呢？建议遵循以下五个原则。

（1）取得企业一把手的大力支持

企业一把手工作非常繁忙，无法在 IPD 体系建设专项中投入很多精力。但要请企业一把手任命一个副总级别的领导担任项目经理，项目经理每个季度向企业一把手汇报专项进展。一方面，有进展的时候获得一把手的认可，让项目推进更顺利；另一方面，有问题的时候请一把手给予支持，及时消除阻碍。

（2）流程建设不是一蹴而就的，要有坚持一至三年见效的战略耐心

IPD 体系建设专项一般不是由业务单元主动发起的，而是由企业的管理运营组织发起的，所以 IPD 体系建设是一个战略专项，由企业提供专项预算来推进工作。IPD 体系建设包括多个流程的实施，每个流程的方案设计、试点运行和推行往往需要半年到一年时间，整个 IPD 体系建设的周期一般是一至三年。很多企业导入 IPD 体系时有一个误区，就是希望尽快见效，这是不可取的。IPD 体系的建设效果是全方位的，包括市场机会识别越来越精准、产品规划越来越合理、产品开发越来越高效、产品开发浪费越来越少、产研组织与"营销服"组织合作越来越顺畅、客户满意度越来越高、人才体系规划越来越合理、员工能力越来越强等，所有效果都要通过 IPD 体系赋能各业务单元才能实现，这需要一个较长的时间周期，指望利用 IPD 体系短时间内大幅提升营业收入是不现实的。

（3）推进流程建设的同时进行组织架构调整

IPD 体系中定义了很多角色，每种角色要在某些流程活动中承担一些任务，所以在完成 IPD 体系设计后要对产研组织架构进行相应的调整，否则流程工作无法正常开展。很多企业这一点做得不好，究其原因是既得利益者阻挠变革或不想承担责任，导致难以驱动产研组织进行组织架构调整。如果不解决这个问题，IPD 体系无法真正落地。

（4）采用精益和敏捷的思路，先试点后推广

在 IPD 体系正式应用之前，无法确定该体系与企业是否匹配，为了确保 IPD 体系落地效果，应采用先小范围试点再逐步推行的策略。在每个业务单元选择一个产品作为试点项目，并在试点过程中对 IPD 体系方案进行调整、优化，完成试点之后还要在业务单元内进行宣传、推广，直到所有产品完成应用。

（5）选择具备"因为相信所以看见"价值观的人

IPD 试点应用是一项充满未知和挑战的工作，如果没有强大的内心很难坚持下来。一般人是"因为看见所以相信"，但试点需要寻找拥有"因为相信所以看见"优秀素质的人，他不仅要积极参与 IPD 体系试点，还要在试点过程中积极提出意见与建议，与 IPD 小组一起打磨流程方案和配套模板，提高 IPD 体系与企业的适配性。一个企业一般有几十款产品，产品负责人中约 20% 有这种特质，IPD 小组任务之一就是发掘这些优秀人才，通过产品试点给他们创造机会，帮助他们提升产品管理水平，帮助他们的产品走向成功，帮助他们获得企业领导的认可，帮助他们脱颖而出，甚至帮助他们走向更高的岗位、担负起更重要的职责，实现产品、企业、人才三方共赢。所以 IPD 体系影响深远，不仅给企业导入一套科学方法，还能提升企业的组织能力。如果这些"尖子生"都不能将 IPD 体系成功落地，说明这套 IPD 体系方案超出了这家企业的人才能力现状，要对方案进行调整、优化。

综上所述，IPD 体系建设是一项艰巨的任务，只有遵循以上五个原则，IPD 体系才有可能导入成功，企业才能真正从中获益，否则就会出现"两张皮"现象（同一事物或现象存在两种或多种表象），IPD 流程图挂在墙上落满灰尘，产研团队依然在走老路。

11.3　导入 IPD 体系的方式

当一家企业决定导入类似 IPD 体系这种复杂的流程体系的时候，往往有多种实施方式可供选择。这些实施方式各有什么优点和不足？哪种方法适合自身企业？建议企业多方考察，看看与自己业务相近的企业如何导入流程体系，效果如何，然后确定合适的 IPD 体系导入方式。

业界一般有三种导入 IPD 体系的方式。

（1）请咨询机构建设

有的企业愿意请咨询机构来导入 IPD 体系，优点是咨询机构见多识广，能为企业带来新颖的思路和观点，也能结合企业诉求提供一套体系方案。但缺点也很明显，咨询机构收费很高（一般为几百万元），咨询服务合同中约定的期限也很有限（一般为三个月到半年），因此咨询机构不可能长期陪跑。而 IPD 体系从方案设计，到试点运行，再到推行，整个周期很长，每一种业务、每一类产品、每个事业部都可能会遇到不同的情况，需要随时调整、优化，所以请咨询机构建设 IPD 体系容易出现"一阵风"现象，即咨询机构在的时候热火朝天，咨询机构一走很快就重蹈覆辙，企业很难变革成功。

（2）企业自己建设

有的企业选择自己建设 IPD 体系，专门组建团队，送团队外出培训、学习。其优点是自己人更熟悉实际情况，更理解企业领导的诉求，推进流程建设时能与相关组织深入交流，及时对方案进行调整。但也有不足：一方面是企业员工人微言轻，只能无条件接受领导的想法，难以像咨询顾问那样影响和改变领导；另一方面即使企业员工参加了足够多的外部专业培训，但毕竟在 IPD 体系建设方面的经验和见识有限，无法体会到 IPD 体系建设思想的精髓，往往培训老师讲了 100 分，学员听懂了 70 分，回来设计的 IPD 体系只剩下 50 分，在实际推进过程中又迁就各方意见进行种种调整，导致最终落地效果不到 30 分。

（3）企业与咨询机构合作建设

企业也可招聘 IPD 体系建设方面的专家组建成专家团队，与外部咨询机构一起合作，帮助企业持续进行 IPD 体系建设。这种方式弥补了以上两种方式的不足，有以下两个优点。

① 企业自己组建专家团队有利于持续进行 IPD 体系建设与运营。IPD 体系建设是一项专业工作，由经验丰富的专家负责更为合理。无论是调研诊断、流程方案设计、试点指导，还是推行过程中的优化，专家都有丰富的经验，确保流程体系切实发挥作用。需要注意的是，专家分为很多种，要根据导入的流程体系寻找合适的专家，例如企业要导入 IPD 体系就要寻找在 IPD 方面具有丰富实操经验的专家，而不是招聘只懂流程建设要素却不懂产品规划与开发的伪专家。

② 可以有效利用咨询机构的实操经验和影响力。毕竟咨询机构见多识广，为很多企业服务过，知道什么方案落地容易、什么方案落地困难、如何应对各种具体问题。另外，"外来的和尚好念经"，当专家团队与企业领导思路不一致，需要说服企业领导的时候，由咨询顾问出面比较合适。如此内外结合，整个流程体系就可以做到方案既合理又能有效落地。

综上所述，企业可以根据自己的实际情况选择合适的导入方式，笔者更推荐第三种方式。

11.4　导入 IPD 体系的具体步骤

为了让读者理解更深刻，以上述第三种方式为例介绍 IPD 体系建设的具体步骤。

① 招聘外部专家人才，组建 IPD 体系建设团队。如果企业仅建设 IPD 体系，建议将团队放在产品管理部中。如果企业希望同时建设 IPD、MTL（Market to Lead，从市场到线索）、LTC（Lead to Cash，从线索到回款）等流程，建议将这个团队放在战略管理部或流程管理部中，以便推动跨流程、跨组织协作。

② 成立 IPD 体系建设专项，由企业最高领导任命产研副总为项目经理。

③ 项目经理与 IPD 专家团队确定企业调研诊断方案和访谈提纲，启动调研诊断。访谈对象包括企业最高领导以及产研组织和"营销服"组织的高层、中层、基层，也可访谈外部客户。这个过程一般需要一个月左右。

④ IPD 专家团队整理调研结果，梳理产品开发和产研组织存在的问题和根本原因，与项目经理交流 IPD 体系建设目标，启动 IPD 总体方案的设计。

⑤ 在总体方案中，IPD 专家团队规划 IPD 体系的各个一级流程（包含每个流程的内容和目标）和总体实施计划，与项目经理进行交流。

⑥ 项目组向企业最高领导汇报，确认 IPD 总体方案，启动第一个一级流程的建设。

⑦ 确定合适的外部咨询机构作为合作伙伴，邀请咨询顾问进入项目组。

⑧ 咨询顾问与项目组交流，结合调研诊断结果和领导指示，完成第一个一级流程方案的设计，包括流程高阶方案、组织架构调整方案、配套模板、试点方案、推行方案等。这个过程一般需要一两个月左右。

⑨ 项目经理向企业最高领导汇报流程方案和组织架构调整方案，尽快将组织架构调整到位，以便后续工作顺利开展。

⑩ 项目经理与项目组一起筛选、确定试点产品，一般每个业务单元选择一个试点，每个 IPD 专家负责指导几个试点。项目经理与各业务单元负责人交流，请各业务单元宣布试点团队。

⑪ 项目组召开试点启动会，邀请各业务单元负责人和试点负责人参加，由咨询顾问宣讲流程方案和试点方案，针对大家的疑问进行现场解答。

⑫ IPD 专家与试点团队紧密合作——可集中办公，也可在线协作，制订试点计划，按计划输出成果，并在项目组中进行评审，评估试点效果，详细记录问题和反馈，及时与咨询顾问交流。这个过程一般需要两三个月左右。

⑬ 试点过程中，项目组每个月召开例会，各试点负责人汇报进展和问题，咨询顾问和 IPD 专家给出建议。

⑭ 当所有试点团队完成成果输出，IPD 专家结合试点过程中的问题和反馈输出流程方案优化稿，然后项目组召开成果汇报会，各试点负责人向企业最高领导汇报成果，企业最高领导决定是否启动流程推行工作。

⑮ 项目组召开流程推行动员大会，请各业务单元负责人和产品负责人到场，咨询顾问宣讲流程方案和推行方案，请两三个标杆试点负责人介绍试点成果以及在流程建设过程中的心得体会，以激发大家的信心和斗志。

⑯ 成立流程质量部，负责流程推行后的质量管理工作，确保各业务单元、各产品团队在每个流程各个阶段的交付物符合质量要求。

⑰ 项目组举办集中培训，由咨询顾问面向所有产品负责人介绍流程方案。培训完成后咨询顾问即可退出项目。

⑱ 推行过程中，IPD 专家持续为业务单元进行赋能，确保流程方案有效落地应用。这个过程一般持续半年左右。

至此，IPD 总体方案中第一个一级流程完成了落地实施。接下来项目组可以根据总体方案启动第二个一级流程的设计、试点和推行，与咨询机构再一次合作，即重复上面第 6 至 18 步。导入 IPD 体系的步骤如图 11-1 所示。

总之，IPD 体系的落地实施是个复杂的过程，要想取得理想的效果，企业需要做好周密的计划和部署，在实施过程中要具体情况具体分析，及时解决各种问题，这样才能推动业务持续向好发展，推动组织能力持续得到提升。

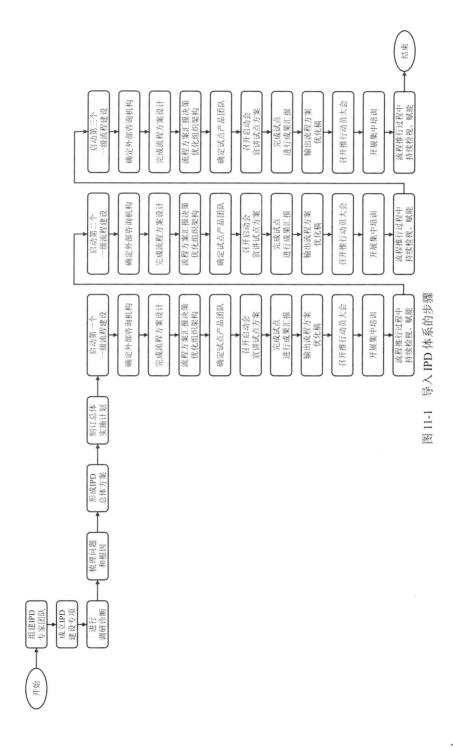

图 11-1　导入 IPD 体系的步骤